A. B. Arockia Christopher
M. Balakrishnan
A. P. Janani

Estudo de caso: Análise de acidentes com aeronaves utilizando diferentes classificadores

A. B. Arockia Christopher
M. Balakrishnan
A. P. Janani

Estudo de caso: Análise de acidentes com aeronaves utilizando diferentes classificadores

ScienciaScripts

Imprint
Any brand names and product names mentioned in this book are subject to trademark, brand or patent protection and are trademarks or registered trademarks of their respective holders. The use of brand names, product names, common names, trade names, product descriptions etc. even without a particular marking in this work is in no way to be construed to mean that such names may be regarded as unrestricted in respect of trademark and brand protection legislation and could thus be used by anyone.

Cover image: www.ingimage.com

This book is a translation from the original published under ISBN 978-3-659-12307-8.

Publisher:
Sciencia Scripts
is a trademark of
Dodo Books Indian Ocean Ltd. and OmniScriptum S.R.L publishing group

120 High Road, East Finchley, London, N2 9ED, United Kingdom
Str. Armeneasca 28/1, office 1, Chisinau MD-2012, Republic of Moldova, Europe
Printed at: see last page
ISBN: 978-620-8-01616-6

RESUMO

Nos conjuntos de dados do mundo real, existem muitos dados redundantes e contraditórios. O desempenho de um algoritmo de classificação na extração de dados é grandemente afetado por informações ruidosas (ou seja, dados redundantes e contraditórios). Estes parâmetros não só aumentam o custo do processo de extração, como também degradam o desempenho de deteção dos classificadores. Têm de ser removidos para aumentar a eficiência e a exatidão dos classificadores. Este processo é designado por afinação do conjunto de dados. Propõe-se um procedimento de limpeza de dados para melhorar a qualidade da tarefa de classificação no processo de descoberta de conhecimentos, tendo em conta os dados redundantes e contraditórios. A verificação da redundância é efectuada no conjunto de dados original e o conjunto de dados resultante é preservado. Este conjunto de dados resultante é então verificado quanto a dados contraditórios e, se existirem, são corrigidos e actualizados para o conjunto de dados original. Este conjunto de dados atualizado é então classificado utilizando uma variedade de classificadores como Multilayer Perceptron, Support Vetor Machine, Decision Tree e Naive Bayes. O desempenho dos conjuntos de dados actualizados nestes classificadores é determinado. O resultado mostra uma melhoria significativa na precisão da classificação após a remoção da redundância e dos conflitos. Os conflitos após a correção são actualizados para o conjunto de dados original e, quando o desempenho do classificador é avaliado, verifica-se uma grande melhoria.

A extração de dados é um processo de análise de dados que é realizado para grandes volumes de dados. Neste trabalho, é proposta uma metodologia para avaliar os riscos e as questões de segurança dos acidentes com aeronaves. Este trabalho centra-se em diferentes técnicas de seleção de caraterísticas aplicadas ao conjunto de dados de uma base de dados de uma companhia aérea para compreender e limpar o conjunto de dados. O avaliador de subconjuntos CFS, o avaliador de subconjuntos de consistência, o avaliador de caraterísticas de rácio de ganho, o avaliador de atributos de ganho de informação, o avaliador de atributos OneR, o transformador de atributos de componentes principais, o avaliador de atributos ReliefF e o avaliador de atributos de incerteza simétrica são utilizados neste estudo para reduzir o número de atributos iniciais. Os algoritmos de classificação, como a árvore de decisão (DT), a classificação Naive Bayes (NB), a rede neural artificial (ANN), o vizinho mais próximo (KNN) e as máquinas de vectores de apoio (SVM), são utilizados para prever o nível de aviso do componente como atributo de classe.

RECONHECIMENTO

Escrever uma monografia é uma gota de água de uma viagem contínua de investigação. A viagem da investigação não é solitária; é uma viagem de mil quilómetros, com muitos desafios e muitas grandes mentes juntas. É um prazer agradecer àqueles que tornaram esta monografia possível, como o meu pai, que me deu o apoio moral de que necessitava, e a minha mulher, A. Briskilla Juvanitta, que me ajudou com o apoio moral.

Estou grato à Editora Académica LAP LAMBERT e gostaria de agradecer à equipa de edição liderada por Tatiana Melnic. Estou muito grato à direção, ao diretor e ao chefe do departamento de TI do Dr. Mahalingam College of Engineering and Technology, Pollachi, por me terem dado a grande oportunidade de escrever esta monografia.

Dr. A.B.AROCKIA CHRISTOPHER

DEDICAÇÃO

Para os meus pais

ÍNDICE DE CONTEÚDOS:

CAPÍTULO 1

INTRODUÇÃO

1.1   VISÃO CONCEPTUAL DA EXTRACÇÃO DE DADOS

A necessidade de compreender conjuntos de dados de grande dimensão, complexos e ricos em informação é praticamente comum a todos os domínios da economia, da ciência e da engenharia. No mundo empresarial, os dados das empresas e dos clientes estão a ser reconhecidos como um ativo estratégico. A capacidade de extrair conhecimentos úteis escondidos nesses dados e de agir com base nesses conhecimentos está a tornar-se cada vez mais importante no mundo competitivo de hoje. Todo o processo de aplicação de uma metodologia baseada em computador, incluindo novas técnicas, para descobrir conhecimentos a partir de dados é designado por extração de dados.

A extração de dados é um processo iterativo em que o progresso é definido pela descoberta, através de métodos automáticos ou manuais. A extração de dados é mais útil num cenário de análise exploratória em que não existem noções pré-determinadas sobre o que constituirá um resultado "interessante". A extração de dados é a procura de informações novas, valiosas e não triviais em grandes volumes de dados. É um esforço de cooperação entre humanos e computadores. Os melhores resultados são obtidos equilibrando os conhecimentos dos peritos humanos na descrição de problemas e objectivos com as capacidades de pesquisa dos computadores.

Na prática, os dois principais objectivos da extração de dados tendem a ser a previsão e a descrição. A previsão envolve a utilização de algumas variáveis ou campos no conjunto de dados para prever valores desconhecidos ou futuros de outras variáveis de interesse. A descrição, por outro lado, centra-se na procura de padrões que descrevam os dados e que possam ser interpretados por humanos. Por conseguinte, é possível colocar as actividades de extração de dados numa de duas categorias.

1)   Extração de dados preditivos, que produz o modelo do sistema descrito pelo conjunto de dados fornecido, ou

2)   Extração de dados descritivos, que produz informações novas e não triviais com base no conjunto de dados disponível.

No lado preditivo do espetro, o objetivo da prospeção de dados é produzir um modelo, expresso como um código executável, que possa ser utilizado para efetuar classificações, previsões, estimativas ou outras tarefas semelhantes.

No outro extremo do espetro, descritivo, o objetivo é compreender o sistema analisado, descobrindo padrões e relações em grandes conjuntos de dados. A importância relativa da previsão e da descrição para uma determinada aplicação de extração de dados pode variar consideravelmente. Os objectivos de previsão e descrição são alcançados através da utilização de técnicas de extração de dados para as seguintes tarefas de extração de dados:

1.   Classificação - descoberta da função de aprendizagem preditiva que classifica

5

qualquer item de dados numa de várias classes predefinidas.

2. Regressão - descoberta da função de aprendizagem preditiva, que mapeia qualquer item de dados para uma variável de previsão de valor real.

3. Agrupamento - uma tarefa descritiva comum em que se procura identificar um conjunto finito de categorias ou agrupamentos para descrever os dados.

4. Sumarização - uma tarefa descritiva adicional que envolve métodos para encontrar uma descrição compacta para um conjunto (ou subconjunto) de dados.

5. Modelação de dependências - encontrar um modelo local que descreva as dependências significativas entre variáveis ou entre os valores de uma caraterística num conjunto de dados ou numa parte de um conjunto de dados.

6. Deteção de alterações e desvios - descobrir as alterações mais significativas no conjunto de dados.

A extração de dados é um longo processo de investigação e desenvolvimento de produtos. Esta evolução começou quando os dados comerciais foram armazenados em computadores, continuou com as melhorias no acesso aos dados e, mais recentemente, gerou tecnologias que permitem aos utilizadores navegar pelos seus dados em tempo real. A prospeção de dados leva este processo evolutivo para além do acesso retrospetivo aos dados e da navegação para o fornecimento prospetivo e proactivo de informações. A prospeção de dados está pronta para aplicação no sector empresarial porque é apoiada por três tecnologias que estão agora suficientemente maduras:

- Recolha maciça de dados
- Computadores multiprocessadores potentes
- Algoritmos de extração de dados

Um dos maiores pontos fortes da extração de dados reflecte-se na sua vasta gama de metodologias e técnicas que podem ser aplicadas a uma série de conjuntos de problemas. Uma vez que a extração de dados é uma atividade natural a ser realizada em grandes conjuntos de dados, um dos maiores mercados-alvo é toda a comunidade de armazenamento de dados, data-mart e apoio à decisão, abrangendo profissionais de indústrias como a aeronáutica, o retalho, a indústria transformadora, as telecomunicações, os cuidados de saúde, os seguros e os transportes.

A extração de dados é um processo de descoberta de vários modelos, resumos e valores derivados de uma determinada coleção de dados. É importante perceber que o problema de descobrir ou estimar dependências a partir de dados ou de descobrir dados totalmente novos é apenas uma parte do procedimento experimental geral utilizado por cientistas, engenheiros e outros que aplicam etapas padrão para tirar conclusões a partir dos dados. O procedimento experimental geral adaptado aos problemas de extração de dados envolve os seguintes passos.

1. Declaração do problema

2.   Recolha de dados

3.   Pré-processamento dos dados

4.   Estimativa do modelo

5.   Interpretação do modelo e elaboração de conclusões

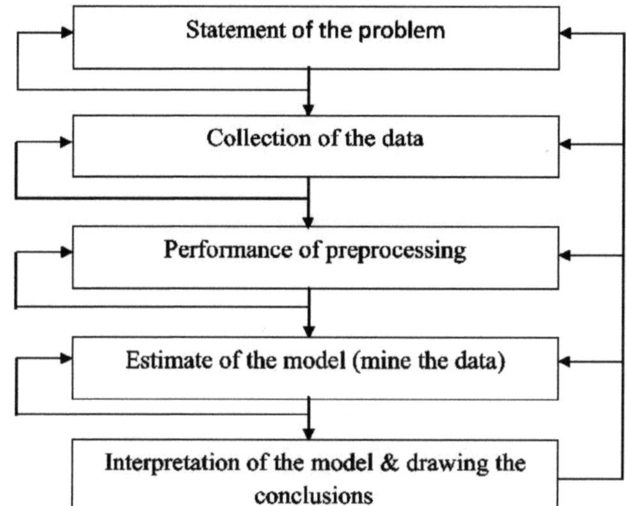

Figura 1.1 O processo de extração de dados

As etapas 3 e 4 do processo de extração de dados devem ser entendidas apenas como duas etapas de um processo mais complexo. Todas as fases, separadamente, e todo o processo de extração de dados como um todo, são altamente iterativos, como se mostra na Figura 1.1. Uma boa compreensão de todo o processo é importante para qualquer aplicação bem sucedida. Por muito poderoso que seja o método de extração de dados utilizado na etapa 4, o modelo resultante não será válido se os dados não forem recolhidos e pré-processados corretamente, ou se a formulação do problema não for significativa.

Extração de dados em várias aplicações

As vantagens da utilização da extração de dados em várias aplicações, como a banca, o fabrico e a produção, o marketing, os cuidados de saúde, etc., são as seguintes

1) **Setor bancário:** A prospeção de dados apoia o sector bancário no processo de pesquisa de uma grande base de dados para descobrir padrões anteriormente desconhecidos; automatiza o processo de procura de informações preditivas. A prospeção de dados ajuda a prever os níveis de crédito malparado e de utilização fraudulenta de cartões de crédito, a prever as despesas com cartões de crédito de novos clientes e a prever os tipos de clientes que melhor respondem a novos empréstimos oferecidos pelos bancos.

2) **Fabrico e produção:** A prospeção de dados ajuda a prever as falhas das máquinas e a

encontrar factores-chave que controlam a otimização da capacidade de produção.

3) **Marketing:** A prospeção de dados facilita o sector do marketing, classificando a demografia dos clientes, que pode ser utilizada para prever qual o cliente que responderá a um mailing ou comprará um determinado produto, o que é muito útil para o crescimento da empresa.

4) **Cuidados de saúde:** A prospeção de dados é muito útil no sector dos cuidados de saúde. Apoia o sector dos cuidados de saúde correlacionando a demografia dos pacientes com doenças críticas, desenvolvendo melhores conhecimentos sobre os sintomas e as suas causas e aprendendo a fornecer tratamentos adequados.

5) **Seguros:** A prospeção de dados ajuda o sector dos seguros a prever os pedidos de indemnização fraudulentos e o custo da cobertura médica, a classificar os factores importantes que afectam a cobertura médica e a prever o padrão dos clientes que irão adquirir novas apólices.

6) **Direito:** A aplicação da lei é ajudada pela extração de dados através da monitorização dos padrões de comportamento dos criminosos. O rastreio dos padrões de criminalidade, das localizações e dos comportamentos criminosos, a identificação de vários atributos através da extração de dados, ajudam a resolver casos criminais.

7) **Governo e Defesa:** A extração de dados ajuda a prever o custo da deslocação de equipamento militar e a prever o consumo de recursos. Além disso, ajuda a testar estratégias para potenciais operações militares e a melhorar a segurança interna através da extração de dados de muitas fontes.

8) **Corretagem e transação de valores mobiliários:** A prospeção de dados ajuda a prever a alteração dos preços das obrigações e a prever o intervalo de flutuação das acções, determinando a altura certa para comprar ou vender acções.

9) **Hardware e software informático:** A previsão de falhas de disco e de potenciais violações de segurança pode ser feita através da extração de dados.

10) **Companhias aéreas:** Ajuda a verificar a viabilidade de acrescentar rotas para aumentar o lucro da empresa e diminuir as perdas através da recolha de dados sobre a localização e o destino final dos passageiros.

Desafios na extração de dados

São muitos os desafios enfrentados pela extração de dados e esses desafios são os seguintes

- Escalabilidade
- Dados complexos e heterogéneos
- Definição de rede
- Qualidade dos dados

- Propriedade e distribuição de dados
- Dimensionalidade
- Preservação da privacidade Dados em fluxo contínuo

1.2   SINTONIZAÇÃO DE CONJUNTO DE DADOS

A extração de dados é o processo de encontrar padrões interessantes nos dados. A extração de dados trata da descoberta de conhecimentos ocultos, padrões inesperados e novas regras a partir de grandes bases de dados. Envolve frequentemente conjuntos de dados com um grande número de atributos. Muitos atributos da maioria dos dados do mundo real são redundantes e/ou simplesmente irrelevantes para efeitos de descoberta de padrões interessantes. O desempenho de um algoritmo de classificação na extração de dados é grandemente afetado pela informação ruidosa (ou seja, dados redundantes e contraditórios). Estes parâmetros não só aumentam o custo do processo de extração, como também degradam o desempenho de deteção dos classificadores. Têm de ser removidos para aumentar a eficiência e a exatidão dos classificadores. Este processo é designado por afinação do conjunto de dados.

O ajustamento dos dados é feito para remover dados redundantes e para corrigir os dados contraditórios. O ajustamento dos dados é feito principalmente para melhorar a qualidade do conjunto de dados. Consequentemente, isto melhora a fiabilidade do conjunto de dados. Uma vez que a qualidade do conjunto de dados foi melhorada, a exatidão e o desempenho dos classificadores que são aplicados a esses conjuntos de dados também melhoram.

O processo de afinação de dados remove a redundância e a inconsistência do conjunto de dados recolhido. A remoção da redundância é importante porque não só aumenta o custo como também degrada o desempenho. Os conjuntos de dados em conflito têm os mesmos valores para os atributos previstos, mas têm valores diferentes para os atributos de classe. O classificador aprende geralmente de forma incorrecta com estes dados contraditórios e, por conseguinte, o desempenho do classificador diminui. Os classificadores aprendem incorretamente com estes dados contraditórios e, por conseguinte, o seu desempenho diminui. A afinação dos dados também corrige os dados contraditórios para que o classificador possa aprender e ter um bom desempenho.

1.3   SELECÇÃO DE CARACTERÍSTICAS

A seleção de caraterísticas é um termo habitualmente utilizado na extração de dados para descrever as ferramentas e técnicas disponíveis para reduzir as entradas a um tamanho manejável para processamento e análise. A seleção de caraterísticas implica não só a redução da cardinalidade, o que significa impor um limite arbitrário ou predefinido ao número de atributos que podem ser considerados na construção de um modelo, mas também a escolha de atributos, o que significa que o analista ou a ferramenta de modelização seleciona ou rejeita ativamente atributos com base na sua utilidade para a análise.

A capacidade de aplicar a seleção de caraterísticas é fundamental para uma análise eficaz, porque os conjuntos de dados contêm frequentemente muito mais informação do que a necessária para construir o modelo. Por exemplo, um conjunto de dados pode conter 500 caraterísticas que descrevem as caraterísticas dos clientes, mas se os dados em algumas das colunas forem muito esparsos, a sua adição ao modelo traria poucos benefícios. Se se mantiverem as caraterísticas indesejadas durante a construção do modelo, são necessários mais CPU e memória durante o processo de formação e mais espaço de armazenamento para o modelo completo.

Mesmo que os recursos não sejam um problema, é normal querer remover caraterísticas indesejadas porque podem degradar a qualidade dos padrões descobertos, pelas seguintes razões

- Algumas caraterísticas são ruidosas ou redundantes. Este ruído torna mais difícil descobrir padrões significativos a partir dos dados.
- Para descobrir padrões de qualidade, a maioria dos algoritmos de extração de dados requer um conjunto de dados de treino muito maior em conjuntos de dados de elevada dimensão. Mas os dados de treino são muito pequenos em algumas aplicações de extração de dados.

A seleção de caraterísticas (também conhecida como seleção de subconjuntos) é um processo normalmente utilizado na aprendizagem automática, em que um subconjunto das caraterísticas disponíveis nos dados é selecionado para aplicação de um algoritmo de aprendizagem. O melhor subconjunto contém o menor número de dimensões que mais contribuem para a precisão; descartamos as restantes dimensões sem importância. Esta é uma fase importante do pré-processamento e é uma das duas formas de evitar a maldição da dimensionalidade (a outra é a extração de caraterísticas). Existem duas abordagens:

Seleção progressiva: Começar sem variáveis e adicioná-las uma a uma, em cada passo adicionando a que diminui mais o erro, até que qualquer adição adicional não diminua significativamente o erro.

Seleção para trás: Começar com todas as variáveis e removê-las uma a uma, em cada passo removendo aquela que diminui mais o erro (ou o aumenta apenas ligeiramente), até que qualquer remoção adicional aumente significativamente o erro. Para reduzir o sobreajuste, o erro referido acima é o erro num conjunto de validação que é distinto do conjunto de treino.

Normalmente, a seleção de caraterísticas é realizada automaticamente nos serviços de análise, e cada algoritmo tem um conjunto de técnicas predefinidas para aplicar inteligentemente a redução de caraterísticas. A seleção de caraterísticas é sempre realizada antes de o modelo ser treinado, para escolher automaticamente os atributos de um conjunto de dados com maior probabilidade de serem utilizados no modelo. No entanto, também é possível definir manualmente parâmetros para influenciar o comportamento da seleção de caraterísticas.

Em geral, a seleção de caraterísticas funciona calculando uma pontuação para cada atributo e, em seguida, selecionando apenas os atributos que têm as melhores pontuações. Também podemos ajustar o limiar para as melhores pontuações. Os serviços de análise fornecem vários métodos para calcular estas pontuações, e o método exato que é aplicado em qualquer modelo depende destes factores:

- O algoritmo utilizado no seu modelo
- O tipo de dados do atributo
- Quaisquer parâmetros que possa ter definido no seu modelo

A seleção de caraterísticas é aplicada às entradas, aos atributos previsíveis ou aos estados de uma coluna. Quando a pontuação da seleção de caraterísticas estiver concluída, apenas os atributos e estados selecionados pelo algoritmo são incluídos no processo de construção de modelos e podem ser utilizados para previsão. Se você escolher um atributo previsível que não atinja o limite para a seleção de caraterísticas, o atributo ainda poderá ser usado para previsão, mas as previsões serão baseadas apenas nas estatísticas globais existentes no modelo.

Um algoritmo de seleção de caraterísticas pode ser visto como a combinação de uma técnica de pesquisa para propor novos subconjuntos de caraterísticas, juntamente com uma medida de avaliação que classifica os diferentes subconjuntos de caraterísticas. O algoritmo mais simples consiste em testar cada um dos subconjuntos de caraterísticas possíveis e encontrar o que minimiza a taxa de erro. Trata-se de uma pesquisa exaustiva do espaço e é computacionalmente intratável para todos os conjuntos de caraterísticas, exceto os mais pequenos. A escolha da métrica de avaliação influencia fortemente o algoritmo, e são estas métricas de avaliação que distinguem as três principais categorias de algoritmos de seleção de caraterísticas: invólucros, filtros e métodos incorporados.

Os métodos de agrupamento utilizam um modelo preditivo para classificar subconjuntos de caraterísticas.

Cada novo subconjunto é utilizado para treinar um modelo, que é testado num conjunto de espera. A contagem do número de erros cometidos nesse conjunto de espera (a taxa de erro do modelo) dá a pontuação para esse subconjunto. Como os métodos wrapper treinam um novo modelo para cada subconjunto, são muito intensivos do ponto de vista computacional, mas normalmente fornecem o conjunto de caraterísticas com melhor desempenho para esse tipo específico de modelo.

Os métodos de filtro utilizam uma medida de substituição em vez da taxa de erro para classificar um subconjunto de caraterísticas. Esta medida é escolhida para ser rápida de calcular, sem deixar de captar a utilidade do conjunto de caraterísticas. As medidas comuns incluem a informação mútua, a informação mútua pontual, o coeficiente de correlação de Pearson, a distância inter/intra-classes ou os resultados dos testes de significância para cada combinação de classe/caraterística. Os filtros são normalmente menos intensivos do ponto de vista computacional do que os invólucros, mas produzem um conjunto de caraterísticas que não está ajustado a um tipo específico de modelo preditivo. Muitos filtros fornecem uma classificação de caraterísticas em vez de um subconjunto explícito das melhores caraterísticas, e o ponto de corte na classificação é escolhido através de validação cruzada. Os métodos de filtragem também têm sido utilizados como uma etapa de pré-processamento para métodos de invólucro, permitindo que um invólucro seja utilizado em problemas maiores.

Os métodos incorporados são um grupo abrangente de técnicas que efectuam a seleção de caraterísticas como parte do processo de construção do modelo. O exemplo desta abordagem é o método LASSO para a construção de um modelo linear, que penaliza os coeficientes de regressão, reduzindo muitos deles a zero. Todas as caraterísticas que tenham coeficientes de regressão diferentes de zero são selecionadas pelo algoritmo LASSO. Uma outra abordagem popular é o algoritmo de eliminação recursiva de caraterísticas, normalmente utilizado com máquinas de vectores de apoio para construir repetidamente um modelo e remover caraterísticas com pesos baixos. Estas abordagens tendem a situar-se entre os filtros e os invólucros em termos de complexidade computacional.

A seleção de subconjuntos de caraterísticas avalia a adequação de um subconjunto de caraterísticas como um grupo. Os algoritmos de seleção de subconjuntos podem ser divididos em Wrappers, Filters e Embedded. Os Wrappers utilizam um algoritmo de pesquisa para percorrer o espaço de caraterísticas possíveis e avaliar cada subconjunto através da execução de um modelo no subconjunto. Os Wrappers podem ser computacionalmente dispendiosos e correm o risco de se ajustarem demasiado ao modelo. Os filtros são semelhantes aos Wrappers na abordagem de pesquisa, mas em vez de serem avaliados em relação a um modelo, é avaliado um filtro mais simples. As técnicas incorporadas são incorporadas e específicas de um modelo.

As técnicas alternativas baseadas na pesquisa baseiam-se na procura de projecções orientadas, que encontra projecções de baixa dimensão dos dados com uma pontuação elevada: as caraterísticas que têm as maiores projecções no espaço de baixa dimensão são então selecionadas. As abordagens de pesquisa incluem:

- Exaustivo
- Melhor primeiro
- Recozimento simulado
- Algoritmo genético
- Seleção progressiva gulosa
- Eliminação retroactiva com fins lucrativos
- Procura de projeção orientada
- Pesquisa de dispersão

- Pesquisa de vizinhança variável

Duas métricas de filtragem populares para problemas de seleção de caraterísticas são a correlação e a informação mútua, embora nenhuma delas seja uma verdadeira métrica ou medida de distância no sentido matemático, uma vez que não obedecem à desigualdade triangular e, por conseguinte, não calculam qualquer distância real, devendo antes ser consideradas como pontuações. Estas pontuações são calculadas entre uma caraterística candidata e a categoria de saída desejada. Outras métricas de filtro disponíveis incluem:

- Separabilidade das classes
- o Probabilidade de erro
- o Distância inter-classes
- o Distância probabilística
- o Entropia
- Seleção de caraterísticas baseada na coerência
- Seleção de caraterísticas baseada na correlação

Um processo típico de seleção de caraterísticas consiste em quatro etapas básicas apresentadas na Figura 1.2, nomeadamente, geração de subconjuntos, avaliação de subconjuntos, critério de paragem e validação de resultados.

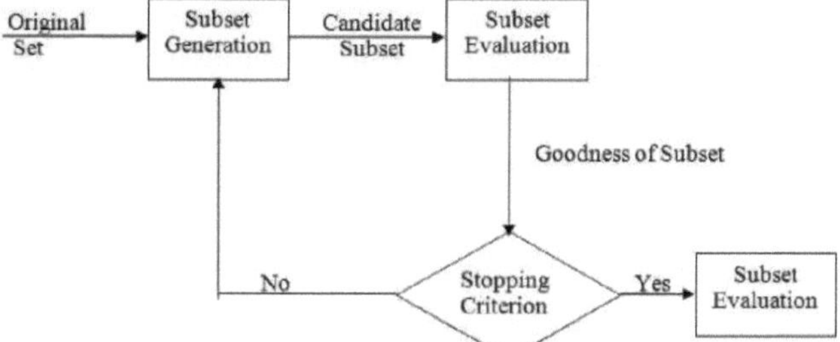

Figura 1.2 Quatro etapas fundamentais da seleção de caraterísticas

1.4 ANÁLISE DOS DADOS DA AVIAÇÃO

De acordo com as estatísticas do National Transportation Safety Board (NTSB), nos últimos 40 anos, cerca de 80 por cento dos acidentes de aviação foram causados por "erro do piloto". Muitos destes acidentes são o resultado da tendência para centrar a formação de voo nos aspectos físicos da pilotagem da aeronave, ensinando ao aluno piloto conhecimentos e competências aeronáuticas suficientes para passar nos testes escritos e práticos. A gestão dos riscos é ignorada, com resultados por vezes fatais. O instrutor de voo certificado (CFI) que integra a gestão do risco na formação de voo ensina os aspirantes a piloto a estarem mais conscientes dos riscos potenciais em voo, a identificarem claramente esses riscos e a geri-los com sucesso.

"Um elemento-chave da tomada de decisões sobre riscos é determinar se o risco se justifica."

Os riscos envolvidos na aviação são bastante diferentes dos riscos experimentados nas actividades diárias. A gestão destes riscos requer um esforço consciente e normas estabelecidas (ou um limiar máximo de risco). Os pilotos que praticam uma gestão de risco eficaz têm padrões pessoais pré-determinados e formaram padrões de hábitos e listas de verificação para os incorporar. O objetivo é reduzir a taxa de acidentes na aviação geral que envolvem uma má gestão do risco. Os pilotos que se habituarem a utilizar ferramentas de gestão do risco acharão os seus voos consideravelmente mais agradáveis e menos stressantes para si e para os seus passageiros. Além disso, algumas companhias de seguros de aeronaves reduzem as taxas de seguro depois de um piloto completar um curso formal de gestão do risco.

O risco é o impacto futuro de um perigo que não é controlado ou eliminado. Pode ser visto como uma incerteza futura criada pelo perigo. Se envolver conjuntos de competências, a mesma situação pode gerar riscos diferentes.

1. Se um nick não for corretamente avaliado, o potencial de falha da hélice é desconhecido.

2. Se a aeronave não estiver devidamente ligada e ligada à terra, há uma acumulação de eletricidade estática que pode e irá procurar o caminho de menor resistência para a terra. Se a descarga estática inflamar o vapor de combustível, pode estar iminente uma explosão.

3. Um piloto fatigado não é capaz de atuar a um nível compatível com os requisitos da missão.

4. O proprietário de uma aeronave de construção caseira decide utilizar parafusos de uma loja de ferragens local que custam menos do que as ferragens recomendadas, mas que têm o mesmo aspeto e parecem corresponder perfeitamente, para fixar e prender as asas da aeronave. A possibilidade de as asas se soltarem durante o voo é desconhecida.

No cenário 3, que nível de risco apresenta o piloto fatigado? O risco é igual em todos os cenários e condições? Provavelmente não. Por exemplo, veja três condições diferentes em que o piloto poderia estar a voar:

1. Condições meteorológicas visuais (VMC) durante o dia, com regras de voo visual (VFR)

2. VMC noturno em voo VFR

3. Condições meteorológicas de voo por instrumentos (IMC) nocturnas, com regras de voo por instrumentos (IFR)

Nestas condições meteorológicas, não só a acuidade mental do piloto mas também o ambiente em que opera afectam o nível de risco. Para um piloto relativamente novo em comparação com um piloto altamente experiente, o voo em condições meteorológicas, a experiência nocturna e a familiaridade com a área são avaliados de forma diferente para determinar o risco potencial. Por exemplo, o piloto experiente que normalmente voa à noite pode parecer de baixo risco, mas outros factores, como a fadiga, podem alterar a avaliação do risco.

A Federal Aviation Administration (FAA) utiliza estudos sobre o comportamento humano numa tentativa de reduzir os erros humanos na aviação. Historicamente, o termo "erro do piloto" tem sido utilizado para descrever um acidente em que uma ação ou decisão tomada pelo piloto foi a causa ou um fator que contribuiu para o acidente. Esta definição também inclui o facto de o piloto não ter tomado a decisão correta ou a ação adequada. De uma perspetiva mais ampla, a expressão "relacionado com factores humanos" descreve mais adequadamente estes acidentes. Não é uma decisão ou um acontecimento isolado que conduz a um acidente, mas sim uma série de acontecimentos; as decisões resultantes formam uma cadeia de acontecimentos que conduzem a um resultado. Muitos destes acontecimentos envolvem a interação das tripulações de voo. De facto, as companhias aéreas há muito que adoptaram programas de gestão dos recursos da tripulação (CRM) e de formação de voo orientada para a linha (LOFT), que tiveram um impacto positivo tanto na segurança como no lucro. Estes mesmos processos podem ser aplicados (até certo ponto) à aviação geral.

O erro humano pode indicar em que ponto do sistema ocorre uma avaria, mas não fornece qualquer orientação sobre a razão da mesma. O esforço de descobrir por que razão os pilotos cometem erros é de natureza multidisciplinar. Na aviação, e no caso dos pilotos em particular, alguns dos factores humanos a considerar quando se examina o papel humano são a tomada de decisões, a conceção dos ecrãs e dos comandos, a disposição da cabina de pilotagem, as comunicações, o software, os mapas e as cartas, os manuais de operação, as listas de verificação e os procedimentos do sistema. Qualquer um dos factores acima referidos pode ser ou tornar-se um stress que desencadeia uma quebra no desempenho humano que resulta num erro humano crítico. Uma vez que a má tomada de decisões por parte dos pilotos (erro humano) foi identificada como um fator importante em muitos acidentes de aviação, a investigação sobre o comportamento humano tenta determinar a predisposição de um indivíduo para assumir riscos e o nível de envolvimento de um indivíduo em acidentes. Com base em décadas de investigação, inúmeros cientistas tentaram descobrir como melhorar o desempenho dos pilotos.

O grupo que repetia os acidentes tinha melhores capacidades de ginástica, era considerado agressivo e impulsivo, demonstrava um comportamento rebelde quando estava sob stress, era mau perdedor e gostava de ser o centro das atenções. Uma interpretação destes dados de uma predisposição adulta para a ocorrência de lesões, resultante do comportamento e do ambiente na infância, leva à conclusão de que qualquer grupo de pilotos deve ser constituído apenas por pilotos preocupados com a segurança, diligentes e cooperantes. Claramente, esta é não só uma inferência incorrecta, mas também um objetivo impossível, uma vez que os pilotos são retirados da população em geral e apresentam todos os tipos de traços de personalidade.

A saúde do piloto

Uma das melhores formas de os pilotos reduzirem o risco é uma autoavaliação para garantir que estão de boa saúde. Um método normalizado utilizado na avaliação do estado de saúde é a lista de controlo IMSAFE. Esta pode ser utilizada de forma fácil e eficaz para determinar a prontidão física e mental para voar e para fornecer uma boa avaliação global do bem-estar do piloto.

1. Doença - A doença é um risco óbvio para o piloto.
2. Medicamentos - quaisquer medicamentos que possam afetar o discernimento do piloto ou deixá-lo sonolento.
3. Stress - sob pressão psicológica do trabalho. Problemas financeiros, de saúde ou familiares

    O stress provoca problemas de concentração e de desempenho.

Embora os regulamentos enumerem as condições médicas que exigem a imobilização, o stress não está entre elas. O piloto deve considerar os efeitos do stress no seu desempenho.

1. Álcool - Apenas uma onça de licor, uma garrafa de cerveja ou quatro onças de vinho podem prejudicar as capacidades de voo. O álcool também torna o piloto mais suscetível à desorientação e à hipoxia.
2. Fadiga - A fadiga continua a ser um dos perigos mais insidiosos para a segurança de voo, uma vez que pode não ser evidente para um piloto até que sejam cometidos erros graves.
3. Emoção - experimentou qualquer acontecimento emocionalmente perturbador.

Gestão do stress

Todas as pessoas estão, em certa medida, quase sempre stressadas. Uma certa quantidade de stress é boa, uma vez que mantém a pessoa alerta e evita a complacência. Os efeitos do stress são cumulativos e, se o piloto não os enfrentar de forma adequada, podem acabar por se transformar num fardo intolerável. O desempenho geralmente aumenta com o início do stress, atinge um pico e depois começa a diminuir rapidamente à medida que os níveis de stress excedem a capacidade da pessoa para lidar com ele. A capacidade de tomar decisões eficazes durante o voo pode ser prejudicada pelo stress.

Existem duas categorias de stress: agudo e crónico. Ambas são explicadas no capítulo "Factores aeromédicos" do manual de conhecimentos aeronáuticos do piloto. Os factores referidos como stress podem afetar a capacidade de decisão e aumentar o risco de erro do piloto na cabina de pilotagem. Por exemplo, imagine uma porta da cabina que se abre subitamente durante o voo de um Bonanza a subir 1.500 pés num dia de sol. Pode assustar o piloto, mas o stress diminuirá quando se tornar evidente que a situação não constitui um perigo grave. No entanto, se a porta da cabina se abrisse em condições meteorológicas de voo por instrumentos (IMC), o nível de stress seria muito mais elevado, apesar da pouca diferença entre os dois cenários. Por conseguinte, pode concluir-se que a nossa perceção dos problemas (e do stress que estes criam) está relacionada com o ambiente em que os problemas ocorrem.

Aeronaves

Os valores de desempenho da aeronave e o manual de voo da aeronave (AFM) baseiam-se numa aeronave nova pilotada por um piloto de testes profissional. Há outros factores a ter em conta na avaliação do desempenho pessoal e da aeronave. Esta aeronave utiliza as pistas disponíveis para a viagem com uma margem de segurança adequada nas condições a voar. Por exemplo, considere um AFM para uma aeronave que indica um componente máximo de vento cruzado demonstrado de 15 nós. Este é o vento de través máximo que o piloto de testes do fabricante demonstrou na certificação da aeronave.

Tempo

A meteorologia é uma consideração ambiental importante. À medida que os pilotos estabelecem os seus próprios mínimos pessoais, devem avaliar as condições meteorológicas para um determinado voo, tendo em conta o seguinte:

Em terreno montanhoso, considere a possibilidade de ter mínimos mais elevados para o teto e visibilidade, especialmente se o terreno não for familiar.

- Considerar a possibilidade de as condições meteorológicas serem diferentes das previstas. Tenha planos alternativos e esteja pronto e disposto a desviar-se caso ocorra uma mudança inesperada.
- Ter em conta os ventos nos aeroportos utilizados e a intensidade da componente de vento lateral.
- Se estiver a voar em terreno montanhoso, considerar se existem ventos fortes no ar. Os ventos fortes em terreno montanhoso podem causar turbulência e correntes descendentes graves e ser muito perigosos para as aeronaves, mesmo quando não há outras condições meteorológicas significativas.

Terreno

A avaliação do terreno é outra componente importante da análise do ambiente de voo.

- Para evitar o terreno e os obstáculos, especialmente à noite ou com pouca visibilidade, determine antecipadamente as altitudes de segurança utilizando as altitudes indicadas nas cartas de regras de voo visual (VFR) e de regras de voo por instrumentos (IFR) durante o planeamento pré-voo.
- Utilizar os valores máximos de elevação (MEF) e outros dados facilmente obtidos para minimizar as hipóteses de colisão em voo com o terreno ou obstáculos.

Aeroporto

As luzes estão disponíveis no aeroporto de destino e nos aeroportos alternativos [por exemplo, indicador visual de aproximação (VASI), indicador de precisão da trajetória de aproximação (PAPI) ou sistema de aterragem por instrumentos (ILS), guia de planície

Verifique os Avisos aos Aviadores (NOTAM) para ver se há pistas ou aeroportos fechados. Procure por luzes de pista ou de farol apagadas, torres próximas, etc.

- Escolher sabiamente a rota de voo. Uma falha de motor confere aos aeroportos próximos uma importância suprema.

- Existem campos mais curtos ou obstruídos nos aeroportos de destino e/ou alternativos

Espaço aéreo

Se a viagem for sobre áreas remotas, levar a bordo roupa adequada, água e equipamento de sobrevivência para a eventualidade de uma aterragem forçada. Se a viagem incluir sobrevoar água ou áreas despovoadas com a possibilidade de perder a referência visual do horizonte, o piloto deve estar preparado para voar IFR. Verificar o espaço aéreo e eventuais restrições temporárias de voo (TFR) ao longo da rota de voo.

Hora nocturna

O voo noturno requer uma consideração especial. Se a viagem incluir um voo noturno sobre água ou áreas despovoadas com a possibilidade de perder a referência visual do horizonte, o piloto deve estar preparado para voar IFR.

As condições de voo permitem uma aterragem de emergência segura durante a noite. Pré-acender todas as luzes do avião, interiores e exteriores, para um voo noturno. Transportar pelo menos duas lanternas, uma para o exterior e outra mais pequena que possa ser regulada e mantida por perto.

O olho humano não verá nada no exterior que seja mais fraco do que a iluminação da cabina de pilotagem. Voar sempre à noite com as luzes interiores tão fracas quanto possível. À medida que o voo progride e os olhos se adaptam à escuridão, normalmente as luzes interiores podem ser reduzidas ainda mais, ajudando a visão exterior. Se as luzes interiores não diminuírem, isso aumentará os factores de risco ao restringir a visão exterior do piloto, o que provavelmente não é a melhor altura para um voo noturno.

Ilusões visuais

Embora as condições meteorológicas, o terreno, as condições do aeroporto e o voo noturno ou diurno produzam desafios únicos, em conjunto estes factores conspiram contra os sentidos do piloto. É importante compreender que, sem querer, estes factores podem criar ilusões visuais e causar desorientação espacial, produzindo desafios que o piloto não previu. Mesmo os pilotos mais bem treinados por vezes não reconhecem um problema até ser demasiado tarde para completar um voo em segurança.

O avião, propriedade do piloto e por ele operado, sofreu danos substanciais. O voo de transporte pessoal estava a ser operado em condições meteorológicas visuais (VMC) a meio da tarde. Embora não estivesse a nevar, havia neve no solo.

Pressões externas

As pressões externas são influências externas ao voo que criam um sentimento de pressão para completar um voo, muitas vezes à custa da segurança. Os factores que podem ser pressões externas incluem os seguintes:

Alguém está no aeroporto à espera da chegada do voo.

Um passageiro que o piloto não quer desiludir.

O desejo de demonstrar competências de pilotagem

O desejo de impressionar alguém (provavelmente, as duas palavras mais perigosas na aviação são "Veja isto!")

Desejo de satisfazer um objetivo pessoal específico.

A orientação geral de um piloto para a realização de objectivos.

A pressão emocional associada ao reconhecimento de que os níveis de competência e experiência podem ser inferiores ao que um piloto gostaria que fossem.

A gestão da pressão externa é a chave mais importante para a gestão do risco porque é a única categoria de factores de risco que pode levar um piloto a ignorar todos os outros factores de risco. As pressões externas exercem uma pressão relacionada com o tempo sobre o piloto e estão presentes na maioria dos acidentes. As operações do Serviço Médico de Emergência com Helicópteros (HEMS), únicas devido à natureza de emergência da missão, são um exemplo de como as pressões externas influenciam os pilotos.

Os pilotos dos serviços de emergência médica (EMS) transportam frequentemente doentes em estado crítico e o piloto é orientado para o cumprimento de objectivos.

A chave para gerir a pressão externa é estar preparado para os atrasos e aceitá-los. Lembre-se que as pessoas se atrasam quando viajam em companhias aéreas, conduzem um carro ou apanham um autocarro. O objetivo do piloto é gerir o risco e não aumentá-lo.

A segurança desempenha um papel fundamental no sector da aviação. A segurança no sector da aviação é hoje uma questão importante em muitos países. Na verdade, a segurança da aviação tem-se baseado na investigação reactiva de acidentes ocorridos no passado e na adoção de medidas corretivas para evitar a repetição dos mesmos. Historicamente, a segurança da aviação tem sido construída com base na análise reactiva de acidentes passados e na introdução de acções corretivas para evitar a recorrência desses acontecimentos.

Com a atual taxa de acidentes extremamente baixa, é cada vez mais difícil melhorar o nível de segurança utilizando esta abordagem. Por conseguinte, foi desenvolvida uma abordagem proactiva da gestão da segurança que se concentra no controlo dos processos e que se baseia unicamente na inspeção e em acções corretivas dos produtos finais. Esta inovação em matéria de segurança dos sistemas de aviação é designada por Sistema de Gestão da Segurança (SMS), uma expressão que indica que os esforços de segurança são mais eficazes quando se tornam uma parte totalmente integrada da atividade comercial. Atualmente, é geralmente aceite que a maioria dos acidentes de aviação resulta de erro humano.

Qualquer acidente de avião, quer envolva um avião privado ou comercial, exige uma investigação imediata e exaustiva. Normalmente, esta investigação envolve investigadores da FAA. Apesar de o governo investigar exaustivamente a maioria dos acidentes de avião, as famílias das pessoas feridas ou mortas devem procurar imediatamente aconselhamento jurídico competente junto de advogados com experiência nesta área do direito.

O sector do transporte aéreo desempenha um papel fundamental na atividade económica mundial. Um dos elementos-chave para manter a vitalidade da aviação civil é garantir operações seguras, protegidas, eficientes e ambientalmente sustentáveis a nível mundial, regional e nacional. Agência especializada das Nações Unidas, a Organização da Aviação Civil Internacional (ICAO) foi criada em 1944 para promover o desenvolvimento seguro e ordenado da aviação civil internacional em todo o mundo. A ICAO estabelece as normas e práticas recomendadas (SARP) necessárias para a segurança da aviação, a segurança, a eficiência e a proteção ambiental a nível mundial. A ICAO funciona como o principal fórum de cooperação em todos os domínios da aviação civil entre os seus 191 Estados-Membros. A melhoria da segurança do sistema global de transporte aéreo é o objetivo estratégico mais importante e fundamental da ICAO. A Organização trabalha constantemente para abordar e reforçar a segurança da aviação mundial através das seguintes actividades coordenadas:

Em todos os casos, estas actividades são complementadas pela avaliação pormenorizada, por parte da ICAO, dos indicadores de segurança da aviação a nível mundial e regional, com base em princípios de gestão do risco estabelecidos - uma componente essencial dos Programas de Segurança do Estado (SSP) e dos Sistemas de Gestão da Segurança (SMS) contemporâneos. A aplicação destes princípios no domínio da segurança da aviação exige que a ICAO siga uma estratégia composta por processos proactivos e reactivos de análise da segurança e de gestão do risco. Em todas as suas actividades de segurança coordenadas, a ICAO esforça-se por alcançar um equilíbrio entre o risco avaliado e os requisitos de estratégias de atenuação do risco práticas, exequíveis e eficazes. O Relatório de Segurança da ICAO é publicado anualmente em formato eletrónico para fornecer actualizações sobre os indicadores de segurança, incluindo acidentes e factores de risco relacionados ocorridos no ano anterior.

Além disso, a ICAO publica uma edição especial trienal - o relatório sobre o estado da segurança global da aviação - durante o mês de agosto de cada ano em que se realiza uma Assembleia da ICAO. Os relatórios sobre o Estado da Segurança Global da Aviação fornecem aos membros Os relatórios da OACI incluem uma análise de alto nível das tendências e dos indicadores de segurança do transporte aéreo para os Estados, a comunidade aeronáutica e o público viajante. Inclui também uma descrição exaustiva dos importantes programas de segurança da aviação levados a cabo pela ICAO e pelos seus parceiros, realçando o importante papel de liderança da organização na promoção de uma maior cooperação e inovação para melhorar os resultados da segurança do transporte aéreo em todo o mundo. O Relatório sobre o Estado da Segurança Global da Aviação é publicado em seis línguas, em formato eletrónico e impresso.

A base de dados de acidentes de aviação inclui:

Todos os acidentes de aviação civil e comercial de aviões de passageiros regulares e não regulares em todo o mundo, que resultaram numa fatalidade (incluindo todos os acidentes fatais da Parte 121 e da Parte 135 dos EUA)

Todos os acidentes mortais de carga, de posicionamento, de ferry e de voos de ensaio

Todos os acidentes de transporte militar com 10 ou mais vítimas mortais

Todos os acidentes com helicópteros comerciais e militares com mais de 10 vítimas mortais

Todos os acidentes de aeronaves civis e militares com vítimas mortais

Acidentes de aviação com a morte de pessoas famosas

Acidentes de aviação ou incidentes de interesse digno de nota

A extração de dados envolve a utilização de ferramentas de análise de dados para descobrir padrões e relações válidos, anteriormente desconhecidos, a partir de grandes quantidades de dados armazenados em bases de dados, armazéns de dados ou outros repositórios de informação. A seleção de caraterísticas é uma etapa essencial de pré-processamento da extração de dados que ajuda a aumentar o desempenho preditivo de um modelo. O principal objetivo da seleção de caraterísticas é escolher um subconjunto de caraterísticas com elevada informação preditiva e eliminar caraterísticas irrelevantes com pouca ou nenhuma informação preditiva.

A classificação é uma técnica de extração de dados utilizada para classificar ou prever o número de indivíduos coletivamente associados a instâncias de dados. O objetivo da classificação é prever exatamente a classe objetiva para cada caso no conjunto de dados. Uma das caraterísticas louváveis do classificador é a sua capacidade de tolerar o ruído. A sua dificuldade reside no tratamento adequado dos dados quantitativos. O risco e a segurança sempre foram aplicações essenciais na aviação. Os acidentes de aviação podem provocar lesões humanas ou mesmo a morte. Uma companhia de aviação recolhe vários relatórios de casos, incluindo dados estruturais e textuais. As instituições fazem investimentos importantes para recolher essas informações de várias fontes.

Na aprendizagem automática e na estatística, a seleção de caraterísticas, também conhecida como seleção de variáveis, seleção de atributos ou seleção de subconjuntos de variáveis, é o processo de seleção de um subconjunto de caraterísticas relevantes para utilização na construção de modelos. O pressuposto central quando se utiliza uma técnica de seleção de caraterísticas é que os dados contêm muitas caraterísticas redundantes ou irrelevantes. As caraterísticas redundantes são aquelas que não fornecem mais informações do que as caraterísticas atualmente selecionadas, e as caraterísticas irrelevantes não fornecem informações úteis em qualquer contexto. As técnicas de seleção de caraterísticas proporcionam três vantagens principais na construção de modelos preditivos: melhor interpretabilidade do modelo, tempos de formação mais curtos e maior generalização através da redução do sobreajuste. A seleção de caraterísticas também é útil como parte do processo de análise de dados, que mostra quais as caraterísticas que são importantes para a previsão e como estas caraterísticas estão relacionadas.

Utilizámos diferentes técnicas de seleção de caraterísticas para descobrir o avaliador de atributos e criar um algoritmo de classificação. Estas técnicas são o Correlation Feature Selection Subset Evaluator, o Consistency Subset Evaluator, o Gain Ratio feature evaluator, o Information Gain Attribute Evaluator,
Avaliador de caraterísticas OneR, Transformador de atributos de componentes principais, Avaliador de atributos ReliefF e Atributo de incerteza simétrica.

Neste trabalho, aplicámos diferentes métodos de extração de dados aos relatórios de incidentes. Selecionámos caraterísticas entre atributos e algoritmos de classificação para encontrar as relações e as regras sobre os incidentes que resultaram em fatalidade. Também aplicámos métodos de pré-processamento para selecionar os atributos que serão utilizados na análise. Este trabalho centra-se em diferentes técnicas de seleção de caraterísticas e na aplicação de algoritmos de classificação tradicionais para compreender e limpar o conjunto de dados.

São aplicados métodos de seleção de caraterísticas para reduzir o número de caraterísticas iniciais. A extração de dados de classificação é utilizada para prever o nível de aviso do componente como atributo de classe. O número de atributos de entrada pode ser reduzido pelos métodos de seleção de caraterísticas e o resultado do mecanismo de redução é combinado com o algoritmo de classificação de entrada variável. O modelo proposto será capaz de prever o nível de alerta do acidente para as companhias aéreas. Explorámos a utilização de diferentes técnicas de classificação em dados de componentes de aviação. Com base na análise dos dados de acidentes com aeronaves deste relatório, recomendamos algumas medidas de segurança e de melhoria da competitividade do processo das companhias de aviação neste sector.

Neste trabalho, foram considerados cinco algoritmos de classificação - Árvore de Decisão (DT), Classificação de Naive Bayes (NBC), Rede Neuronal Artificial (ANN), K- Nearest Neighbour (KNN) e Máquinas de Vectores de Suporte (SVM) - para comparar o seu desempenho com base nos dados da aeronave. Nesta experimentação, o método de validação cruzada 10 vezes é utilizado como opção de teste. Este trabalho concentra-se no desempenho de algoritmos de classificação com diferentes combinações de caraterísticas, como CFS, Consistência, GR, Ganho de Informação, OneR,

PCA, ReliefF e Simétrico com os conjuntos de dados selecionados e também para melhorar a precisão da classificação.

1.5 CONTRIBUTO IMPORTANTE

A extração de dados envolve frequentemente conjuntos de dados com um grande número de atributos. Muitos atributos na maioria dos dados do mundo real são redundantes e/ou simplesmente irrelevantes para efeitos de descoberta de padrões interessantes. O desempenho de um algoritmo de classificação na extração de dados é grandemente afetado pela informação ruidosa (ou seja, dados redundantes e contraditórios). Estes parâmetros não só aumentam o custo do processo de extração, como também degradam o desempenho de deteção dos classificadores. Têm de ser eliminados para aumentar a eficiência e a precisão dos classificadores. Este processo é designado por afinação do conjunto de dados. Este trabalho implementa o processo de afinação acima mencionado. Além disso, é proposto um algoritmo de árvore de decisão modificado para resolver os empates no método convencional de indução de árvore de decisão.

Propõe-se um procedimento de limpeza de dados para melhorar a qualidade da tarefa de classificação no processo de descoberta de conhecimentos, tendo em conta os dados redundantes e contraditórios. A verificação da redundância é efectuada no conjunto de dados original e o conjunto de dados resultante é preservado. Este conjunto de dados resultante é então verificado quanto a dados contraditórios e, se existirem, são corrigidos e actualizados em relação ao conjunto de dados original. Este conjunto de dados atualizado é então classificado utilizando uma variedade de classificadores como Multilayer Perceptron, Support Vetor Machine, Decision Tree e Naive Bayes. O desempenho dos conjuntos de dados actualizados nestes classificadores é determinado. O resultado mostra uma melhoria significativa na precisão da classificação quando a redundância e os conflitos são removidos. Os conflitos após a correção são actualizados para o conjunto de dados original e, quando o desempenho do classificador é avaliado, verifica-se uma grande melhoria.

Foi desenvolvido um modelo de classificação para a investigação e redução dos riscos na aviação, utilizando o método de indução de árvores de decisão, que melhora a capacidade de formar árvores de decisão e, assim, provar que a precisão da classificação da árvore de decisão é maior.

CAPÍTULO 2
REVISÃO DA LITERATURA

"O Data Mining representa um processo desenvolvido para examinar grandes quantidades de dados recolhidos por rotina. O termo também se refere a um conjunto de ferramentas utilizadas para realizar o processo. Os dados recolhidos em várias áreas, como o marketing, a saúde, a comunicação, etc., são utilizados na extração de dados."

Sangeeta Goele & Nisha Chanana (2012) definiram a prospeção de dados como a extração de informações preditivas ocultas de grandes bases de dados; é uma tecnologia poderosa com grande potencial para ajudar as organizações a concentrarem-se nas informações mais importantes do seu armazém de dados.

Pasko Konjevoda & Nikola Stambuk (2012) abordaram o objetivo da extração de dados. Trata-se de extrair conhecimentos de conjuntos de dados em estruturas compreensíveis para o ser humano. Nos últimos anos, a extração de dados tem sido amplamente utilizada nos domínios da ciência e da engenharia, como a bioinformática, a genética, a medicina, a educação e a engenharia.

2.1 SELECÇÃO DE CARACTERÍSTICAS

A seleção de caraterísticas tem sido uma área de investigação ativa nas comunidades de reconhecimento de padrões, estatística e extração de dados. A ideia principal da seleção de caraterísticas é escolher um subconjunto de variáveis de entrada, eliminando caraterísticas com pouca ou nenhuma informação preditiva. A seleção de caraterísticas pode melhorar significativamente a compreensibilidade dos modelos de classificação resultantes e, muitas vezes, construir um modelo que generaliza melhor para pontos não vistos. Além disso, é frequente que encontrar o subconjunto correto de caraterísticas preditivas seja um problema importante por si só, tendo sido estudado por (Kimball 1996).

Yong Seog et al (2003) estudaram uma decisão baseada nas caraterísticas selecionadas para determinar se uma cirurgia perigosa é ou não necessária para o tratamento.

Suraj & Delimata (2006) trataram de uma seleção de caraterísticas que é geralmente entendida como um processo de encontrar um subconjunto de caraterísticas do conjunto original de caraterísticas que formam padrões num determinado conjunto de dados, optimizado de acordo com o objetivo e o critério definidos para a seleção de caraterísticas. Muitos problemas de classificação envolvem caraterísticas cuja especificidade exige uma certa forma de transformação do espaço de caraterísticas (pré-processamento), associada a uma análise de consenso pós-processamento, a fim de conseguir uma discriminação bem sucedida entre diferentes classes.

Pizzi & Pedrycz (2008) apresentaram uma nova metodologia, que aborda sistematicamente estas questões de classificação da conceção no seu estudo. Na fase de pré-processamento, oferecem uma nova abordagem de seleção estocástica de caraterísticas. Este tipo de seleção de caraterísticas agrupa subconjuntos de caraterísticas transformadas quadraticamente para apresentação a um conjunto de classificadores respectivos.

A geração de subconjuntos é um processo de pesquisa que produz subconjuntos de caraterísticas candidatas para avaliação com base numa determinada estratégia de pesquisa. Cada subconjunto candidato é avaliado e comparado com o melhor subconjunto anterior de acordo com uma determinada avaliação. Se o novo subconjunto for melhor, substitui o melhor. Este processo é repetido até que uma determinada condição de paragem seja satisfeita. A classificação das caraterísticas determina a importância de cada caraterística individual, negligenciando as suas possíveis interações. Os métodos de classificação baseiam-se na estatística, na teoria da informação ou em algumas funções dos resultados do classificador, que foram estudadas por Duch et al (2003).

A seleção de caraterísticas é normalmente efectuada através da pesquisa do espaço de subconjuntos de atributos, avaliando cada um deles. Isto é conseguido através da combinação de um avaliador de subconjuntos de atributos com um método de pesquisa. Na presente investigação, foi efectuada uma avaliação de seis métodos de subconjuntos de caraterísticas de filtragem com o método de pesquisa por ordem ou o método de pesquisa Greedy para descobrir os melhores conjuntos de caraterísticas, que são enumerados a seguir para referência:

1)   Avaliação de atributos baseada em correlação (CB),

2)   Avaliação do atributo qui-quadrado (CH),

3)   Avaliação do atributo de rácio de ganho (GR),

4)   Avaliação do atributo de ganho de informação (IG),

5)   Avaliação do atributo de relevo (RF)

6)   Avaliação simétrica do atributo de incerteza (SU)

O facto de todas estas técnicas de filtragem acima referidas poderem avaliar a pertinência das caraterísticas foi estudado por Yvan et al (2007) com base nas propriedades intrínsecas dos dados. A seleção de caraterísticas aumenta frequentemente a eficiência do classificador através da redução da dimensão das caraterísticas efectivas.

A seleção de subconjuntos de caraterísticas de correlação avalia o valor de um subconjunto de atributos tendo em conta a capacidade de previsão individual de cada caraterística, bem como o grau de redundância entre elas. Os coeficientes de correlação são utilizados para estimar a correlação entre o subconjunto de atributos e a classe, bem como as intercorrelações entre as caraterísticas. A relevância de um grupo de caraterísticas aumenta com a correlação entre as caraterísticas e as classes, e diminui com o aumento da intercorrelação, como foi estudado por Asha et al (2012).

O estudo de Antonio et al (2008) estabeleceu que, para prever o valor do conceito ou da classe das suas instâncias, um conjunto de dados apenas com as caraterísticas selecionadas deve ser consistente.

É uma medida comummente utilizada nos domínios da teoria da informação e da aprendizagem automática. O IG mede o número de bits de informação obtidos sobre a previsão da classe ao conhecer o valor de uma determinada caraterística ao prever a classe, de acordo com o proposto por Altidor et al (2011).

Os algoritmos baseados em regras fornecem formas de gerar regras compactas, fáceis de interpretar e precisas, concentrando-se numa classe específica de cada vez. Uma forma de gerar regras de classificação é utilizar árvores de decisão. A desvantagem da utilização de uma árvore de decisão deve-se à sua natureza complexa e incompreensível, que tem sido adoptada na literatura (Pulatova 2006).

A análise de componentes principais (ACP) é uma técnica normalizada utilizada para tratar a dependência linear entre variáveis. A ACP de um conjunto de m variáveis gera m novas variáveis (os componentes principais), *PCI ...PCm*. Cada componente é obtida por combinação linear das variáveis originais foi estudada por Marco et al (2003).

O algoritmo Relief é fácil de utilizar, rápido e exato, mesmo com caraterísticas dependentes e dados ruidosos, foi definido por Wang et al (2010).

A incerteza simétrica é utilizada para medir o grau de associação entre caraterísticas discretas. É derivada da entropia e foi proposta por Chen et al (2006).

A incerteza simétrica é calculada pela equação acima. $H(X)$ e $H(Y)$ representam a entropia das caraterísticas X e Y. O valor da incerteza simétrica varia entre 0 e 1. O valor de 1 indica que uma variável (X ou Y) prevê completamente a outra variável, como foi estudado por lenco et al (2009).

A seleção de caraterísticas é um processo de seleção de um subconjunto de caraterísticas originais de acordo com determinados critérios, e uma técnica importante e frequentemente utilizada na extração de dados para redução da dimensão. Reduz o número de caraterísticas, elimina caraterísticas irrelevantes, redundantes ou ruidosas e produz efeitos palpáveis nas aplicações: acelera um algoritmo de extração de dados, melhora a precisão da aprendizagem e conduz a uma melhor compreensão do modelo. Vários estudos mostram que algumas caraterísticas podem ser removidas sem deterioração do desempenho, o que foi adotado na literatura (Ng 2004) e (Donoho 2006).

A seleção de caraterísticas pode ser encontrada em muitas áreas da extração de dados, como a classificação, o agrupamento, as regras de associação e a regressão. Por exemplo, a seleção de caraterísticas é designada por seleção de subconjuntos ou de variáveis em estatística e tem sido adotada na literatura (Miller 2002).

2.2 TÉCNICAS DE CLASSIFICAÇÃO

A indução de árvores de decisão, definida por Han & Kamber (2001), é uma abordagem muito popular e prática para a classificação de padrões.

Narasimha & Susheela (2011) trataram do classificador Naive Bayes (NB), que é um classificador probabilístico simples baseado no teorema de Bayes, em que se assume que cada caraterística é condicionalmente independente da classe. A classificação de instâncias torna-se difícil quando o conjunto de dados contém um grande número de caraterísticas e classes, porque é necessário um número enorme de observações para estimar as probabilidades.

Uma máquina de vectores de apoio (SVM) é um hiperplano que separa dois conjuntos diferentes de amostras com a distância máxima do hiperplano às amostras mais próximas de ambos os conjuntos, proposta por Han & Kamber (2001).

O classificador KNN é um algoritmo de aprendizagem preguiçosa não paramétrico. Uma amostra de dados no KNN é classificada com base num número selecionado de k vizinhos mais próximos, tal como descrito por Han & Kamber (2001).

A análise automática e inteligente da estrutura complexa de grandes volumes de dados no sector da aviação foi estudada por Feyza Gurbiiz et al (2009).

Bineid & Fielding (2003) propuseram um modelo preditivo para explicar o desenvolvimento de um método de previsão da fiabilidade do despacho para aviões de passageiros.

Nazeri & Jianping (2002) descreveram a aplicação da prospeção de dados para analisar os impactos de condições meteorológicas adversas no Sistema de Espaço Aéreo Nacional (CAA).

A literatura descreve um modelo que permite a investigação dos efeitos não lineares dos factores de segurança da aviação e uma avaliação flexível do risco da aviação (Shyur 2007).

O principal objetivo deste trabalho é desenvolver um modelo que permita a inferência de probabilidades de risco relativo e a análise de tendências entre diferentes tipos de erros humanos que podem causar grandes eventos na aviação. Solomon et al (2006) demonstraram como utilizar a análise de extração de dados (DM) que pode ser aplicada para avaliar a monitorização de intersecções controladas por sinais luminosos vermelhos para melhorar a segurança do tráfego através da redução das mortes.

Nazeri & Jianping (2002) definiram que os métodos de extração de dados foram introduzidos com êxito em muitos domínios. É ainda um tema de investigação, mas de enorme interesse para a indústria, a fim de resolver os seus problemas do mundo real. A estatística, as técnicas de inteligência artificial, a abordagem da árvore de decisão, os algoritmos genéticos e as técnicas de visualização são as principais técnicas de extração de dados utilizadas para resolver estes problemas. O risco e a segurança sempre foram considerações importantes na aviação. Com o rápido crescimento das viagens aéreas, os atrasos, os cancelamentos e os incidentes/acidentes de voo também aumentaram drasticamente nos últimos anos.

Os acidentes de aviação podem resultar em lesões humanas ou mesmo na morte. Uma companhia aérea recolhe vários relatórios de casos, incluindo dados estruturais e textuais. As instituições fazem investimentos importantes para recolher essas informações de várias fontes. Uma base de dados que armazene estas informações contém dados essenciais; além disso, existem alguns problemas cruciais na análise das informações. Atualmente, a análise desses dados não pode ser feita automaticamente e os analistas têm dificuldade em lidar com o aumento dos dados de forma eficiente e atempada. Em conclusão, para a análise automática e inteligente da estrutura complexa de grandes volumes de dados no sector da aviação, são necessárias ferramentas que disponham de instrumentos capazes. A prospeção de dados é um desses instrumentos que ainda não era conhecido e que é potencialmente útil e o objetivo do instrumento utilizado é revelar a informação escondida nos dados, tal como proposto por Jiawei & Kamber (2001).

O sector da aviação é um desses domínios. Com o rápido crescimento das viagens aéreas, os atrasos, cancelamentos e incidentes de voo também aumentaram drasticamente nos últimos anos, tal como proposto por Nazeri & Jianping (2002). Em consequência, existe uma grande quantidade de conhecimentos e de dados acumulados no sector da aviação. Estes dados podem ser armazenados sob a forma de relatórios de pilotos, relatórios de manutenção, relatórios de incidentes, relatórios de componentes ou relatórios de atrasos. Também no sector da aviação, foram realizadas aplicações de extração de dados.

Bineid & Fielding (2003) utilizaram técnicas de extração de dados para explicar o desenvolvimento de um método de previsão da fiabilidade do despacho para aviões de passageiros.

Nazeri & Jianping (2002) descreveram a aplicação da extração de dados para analisar os impactos das condições meteorológicas adversas no Sistema Nacional do Espaço Aéreo (NAS). A sua abordagem considera as relações mais complexas entre desempenhos relevantes.

A US Mine Safety and Health Administration (MSHA) desenvolveu uma base de dados de acidentes em minas a partir da Parte 50 dos regulamentos federais de segurança das minas. Esta base de dados tem sido utilizada para registar o número, as taxas e a gravidade dos acidentes com minas nos Estados Unidos. Os epidemiologistas e os investigadores no domínio da segurança das minas têm-na ainda utilizado para efetuar muitas análises, ajudando a orientar a investigação e as melhores práticas, tal como foi estudado por Dessureault et al (2007).

Dessureault et al (2007) exploraram os antecedentes da base de dados da Parte 50 e deram uma ideia geral do armazenamento de dados e da extração de dados, tendo apresentado algumas das análises interessantes que resultaram de um armazém de dados da Parte 50 modernizado com recurso à extração de dados.

Um subconjunto de dados recolhidos nos Sistemas de Informação de Gestão da Segurança de Voo (FSMIS) desenvolvidos pelo gabinete da Administração da Aeronáutica Civil de Taiwan tem em conta os factores de risco. Utilizando os modelos apresentados, o risco foi avaliado como a probabilidade de ocorrência de um tipo específico de acidente de aviação relacionado com erro humano. O risco potencial relacionado com erros humanos pode ser identificado e monitorizado atempadamente. Os resultados podem fornecer melhores referências às comunidades da aviação civil para gerir o risco de segurança da aviação, pelo que podem ser tomadas medidas corretivas para reduzir a ocorrência de acidentes de aviação. Permite também encontrar a causa fundamental dos acidentes relacionados com erros humanos através da análise dos dados de segurança operacional. Por último, os resultados do estudo de caso demonstram que o modelo proposto é um modelo de regressão mais prometedor, com potencial para se tornar muito útil na prática, tal como descrito por (Shyur 2007).

Este trabalho representou várias técnicas de modelação de dados, tais como árvores de decisão, redes neurais, análise de cestas de mercado e modelos K-means. As árvores de decisão criam conjuntos de regras que podem afetar a tomada de decisões futuras. As redes neuronais tentam prever resultados futuros, analisando os efeitos de dados históricos. A análise de cesta de mercado mostra a força das relações entre as variáveis. Os modelos K-means avaliam o impacto de grupos homogéneos nas variáveis-alvo. Todos estes modelos são demonstrados utilizando dados reais recolhidos pelo Departamento de Transportes de acidentes mortais em intersecções controladas por sinais luminosos vermelhos em Maryland e Washington, DC, de 2000 a 2003, por Solomon et al (2006).

3.1 Métodos de seleção de caraterísticas

A seleção de caraterísticas é um importante método de pré-processamento na extração de dados. A seleção de caraterísticas resolve o problema da escalabilidade e aumenta o desempenho dos modelos de classificação, eliminando caraterísticas redundantes, irrelevantes ou ruidosas de um conjunto de dados de elevada dimensão. A seleção de caraterísticas é um processo de seleção de um subconjunto de caraterísticas relevantes através da aplicação de determinados critérios de avaliação. Em geral, o processo de seleção de caraterísticas consiste em três fases. Começa com a seleção de um subconjunto de caraterísticas originais e a avaliação do valor de cada caraterística no subconjunto. Em segundo lugar, utilizando esta avaliação, algumas caraterísticas do subconjunto podem ser eliminadas ou enumeradas no subconjunto existente. Em terceiro lugar, verifica-se se o subconjunto final é suficientemente bom utilizando determinados critérios de avaliação.

A seleção de caraterísticas pode ser classificada em seleção de subconjuntos de caraterísticas e classificação de caraterísticas. A classificação de caraterísticas calcula a pontuação de cada atributo e, em seguida, ordena-os de acordo com as suas pontuações. A seleção de subconjuntos de caraterísticas seleciona um subconjunto de atributos que, coletivamente, aumenta o desempenho do modelo.

O número de caraterísticas captadas nos dados é muito grande. Utilizámos diferentes métodos de seleção de caraterísticas, como o Correlation Feature Subset Evaluator, o Consistency Subset Evaluator, o Gain Ratio Feature Evaluator, o Information Gain Attribute Evaluator, o OneR Attribute Evaluator, o Principal Components Attribute Transformer, o Relief Feature Attribute Evaluator e o Symmetrical Uncertainty Attribute Evaluator.

Neste trabalho, centramo-nos nas seguintes técnicas de seleção de caraterísticas. São elas

1. Seleção de caraterísticas de correlação
2. Subconjunto de caraterísticas de consistência
3. Rácio de ganho
4. Ganho de informação
5. Atributo OneR
6. Análise de componentes principais
7. Elemento de alívio
8. Incerteza simétrica

Este trabalho centra-se em diferentes técnicas de seleção de caraterísticas aplicadas a um grande número de instâncias de bases de dados de companhias aéreas para compreender e limpar o conjunto de dados. O avaliador de subconjuntos CFS, o avaliador de subconjuntos de consistência, o avaliador de caraterísticas Gain Ratio, o avaliador de atributos Information Gain, o avaliador de caraterísticas OneR, o transformador de atributos de componentes principais (PCA), o avaliador de atributos ReliefF e o avaliador de atributos Symmetrical Uncertainty são utilizados nesta análise para reduzir o número de atributos iniciais.

Este estudo também provou que o Transformador de Atributos de Componentes Principais teria um melhor desempenho do que outros avaliadores de atributos em dados de companhias aéreas. Este trabalho pode ser útil para as companhias de aviação fazerem melhores previsões.

A seleção de subconjuntos de caraterísticas é de grande importância no domínio da extração de dados. Os dados de elevada dimensão dificultam o teste e a formação de métodos de classificação gerais. No trabalho apresentado, foram utilizadas várias abordagens de filtros, nomeadamente a seleção de caraterísticas com base na correlação, o avaliador de subconjuntos de consistência, a relação de ganho, o ganho de informação, a seleção de caraterísticas OneR, o atributo de componentes principais, o atributo ReliefF e o atributo de incerteza simétrica, para ilustrar a importância da seleção de subconjuntos de caraterísticas para a classificação de bases de dados de aeronaves. O atributo Ranker utiliza o rácio de ganho para determinar as divisões e selecionar as caraterísticas mais importantes. O algoritmo Best First é utilizado como método de pesquisa com a seleção de caraterísticas baseada na correlação como mecanismo de avaliação do subconjunto.

3.1.1 Seleção de caraterísticas de correlação

O CFS é utilizado para determinar o melhor subconjunto de caraterísticas e é normalmente combinado com estratégias de pesquisa, como a seleção progressiva, a eliminação regressiva, a pesquisa bidirecional, a pesquisa da melhor primeira opção e a pesquisa genética.

A equação para CFS é dada

$$r_{zc} = \frac{k\overline{r_{zi}}}{\sqrt{k + k(k-1)\overline{r_{ii}}}} \tag{4.1}$$

em que r_{zc} é a correlação entre os subconjuntos de caraterísticas somados e a variável de classe, k é o número de caraterísticas do subconjunto, r_{zi} é a média das correlações entre as caraterísticas do subconjunto e a variável de classe, e r_{ii} é a intercorrelação média entre as caraterísticas do subconjunto.

Nesta secção, discutimos como avaliar a qualidade das caraterísticas para classificação. Em geral, uma caraterística é boa se for relevante para o conceito de classe, mas não for redundante em relação a nenhuma das outras caraterísticas relevantes. Se adoptarmos a correlação entre duas variáveis como medida de bondade, a definição acima esclarece que uma caraterística é boa se estiver altamente correlacionada com a classe, mas não estiver altamente correlacionada com nenhuma das outras caraterísticas.

Por outras palavras, se a correlação entre uma caraterística e a classe for suficientemente elevada para a tornar relevante para (ou preditiva de) a classe e a correlação entre ela e quaisquer outras caraterísticas relevantes não atingir um nível que permita a sua previsão por qualquer das outras caraterísticas relevantes, será considerada uma boa caraterística para a tarefa de classificação.

3.1.2 Seleção de caraterísticas do subconjunto de consistência

A ideia subjacente a estas medidas é que, para prever o valor do conceito ou da classe das suas instâncias, um conjunto de dados apenas com as caraterísticas selecionadas deve ser consistente. Ou seja, duas instâncias não podem ter os mesmos valores em todas as caraterísticas de previsão se tiverem um valor de conceito diferente. Assim, o objetivo é equivalente a selecionar as caraterísticas que melhor permitem definir hipóteses lógicas consistentes sobre o conjunto de dados de treino.

Uma vez que quanto maior for o número de caraterísticas, mais consistentes serão as hipóteses que podem ser definidas, o requisito de um conjunto de dados com consistência é geralmente acompanhado pelo critério de encontrar um conjunto de caraterísticas pequeno. Em qualquer caso, a procura de pequenos conjuntos de caraterísticas é o objetivo comum dos métodos de seleção de caraterísticas, pelo que não se trata de uma particularidade dos métodos baseados na consistência.

Na seleção de caraterísticas baseada na consistência, são utilizadas medidas de consistência para avaliar a relevância dos subconjuntos de caraterísticas. Uma medida de consistência é intuitivamente definida como uma métrica para medir a *distância* de um subconjunto de caraterísticas em relação ao estado consistente. Diz-se que um conjunto de caraterísticas $\{F1, \ldots, Fn\}$ é *consistente* quando

$$\Pr(C = c \mid F1 = f1, \ldots, Fn = fn) = 0 \text{ or } 1$$

é válido para todos os valores $c, f1, \ldots$ Quando um subconjunto de caraterísticas é consistente, o valor da inconsistência é 0 e, à medida que um subconjunto de caraterísticas inconsistente se aproxima do estado consistente, a medida aproxima-se cada vez mais de 0.

3.1.3 Rácio de ganho

O C4.5, sucessor do ID3, utiliza uma extensão do ganho de informação conhecida como rácio de ganho, que tenta ultrapassar esta tendência.

Seja Y o conjunto constituído por y amostras de dados com n classes distintas. A informação esperada necessária para classificar uma determinada amostra é dada por

$$I(Y) = - \sum_{i=1}^{n} p_i \log_2 (p_i)$$

(4.2)

em que p_i é a probabilidade de uma amostra arbitrária pertencer à classe C_i e é estimada por y_i/y.

O atributo A tem v valores distintos. Seja y_{ij} - o número de amostras da classe C_i num subconjunto $Y_j \cdot Y_j$ que contém as amostras em Y que têm o valor a_j de A. A entropia, ou informação esperada com base na partição em subconjuntos por A, é dada por

$$E(A) = -\sum_{i=1}^{n} I(Y) \frac{Y1i + Y2i + \dots + Yni}{Y} \qquad (4.3)$$

A informação de codificação que se obteria com a ramificação em A é

$$Gain(A) = I(Y) - E(A) \qquad (4.4)$$

C4.5 utiliza o rácio de ganho que aplica a normalização ao ganho de informação utilizando um valor definido como

$$SplitInfo_A(Y) = -\sum_{i=1}^{v} (|Y_i|/|Y|) log_2 (|Y_i|/|Y|) \qquad (4.5)$$

O valor acima representa a informação gerada pela divisão do conjunto de dados de treino S em V partições correspondentes a v resultados de um teste sobre o atributo A.

O rácio de ganho é definido como

$$Gain\ Ratio(A) = Gain(A) / SplitInfo_A(Y) \qquad (4.6)$$

O atributo com o rácio de ganho mais elevado é selecionado como atributo de divisão.

3.1.4   Ganho de informação

Uma árvore de decisão é uma estrutura simples em que os nós não terminais representam testes de um ou mais atributos e os nós terminais reflectem os resultados da decisão. A medida de ganho de informação é utilizada para selecionar o atributo de teste em cada nó da árvore de decisão.

O ganho de informação de um dado atributo X relativamente ao atributo de classe Y é a redução da incerteza sobre o valor de Y quando o valor de X é conhecido. O valor de Y é medido pela sua entropia, H(Y). A incerteza sobre Y, dado o valor de X, é dada pela probabilidade condicional de Y dado X, H (Y|X).

A entropia de Y (que consiste nas classes Yi e Y2) é dada por:

$$H(Y) = -\sum_{i=1}^{k} P(Y = Y_i) log_2 (P(Y = Y_i)) \qquad (4.7)$$

A entropia condicional de Y dado X (que consiste em valores $X_1, X_2, \dots, X_r$) é:

$$H(Y/X) = \sum_{j=1}^{r} P(X = X_j) H(Y/X = X_j) \qquad (4.8)$$

O ganho de informação da caraterística X é definido como:

$$IG(X) = H(Y) - H(Y/X) \qquad (4.9)$$

3.1.5   Avaliação do atributo OneR

OneR, abreviatura de "One Rule", é um algoritmo de classificação simples, mas preciso, que gera uma regra para cada preditor nos dados e, em seguida, seleciona a regra com o menor erro total como a sua "regra única". Para criar uma regra para um preditor, construímos uma tabela de frequência para cada preditor em relação ao alvo. Foi demonstrado que o OneR produz regras apenas ligeiramente menos exactas do que os algoritmos de classificação mais avançados, ao mesmo tempo que produz regras que são simples de interpretar para os humanos.

Uma regra de classificação pode ser definida como r = (a, c) em que a é uma condição prévia que efectua uma série de testes que podem ser avaliados como verdadeiros ou falsos e c é uma classe que é aplicada às instâncias abrangidas pela regra r.

Uma regra geral de um algoritmo baseado em regras tenta abranger todas as instâncias pertencentes a uma classe. Os algoritmos baseados em regras trabalham numa classe específica de cada vez. Os algoritmos baseados em regras seguem três passos: Gerar a regra R nos dados de treino S, remover os dados de treino cobertos pela regra e repetir o processo. O OneR é a abordagem mais simples para encontrar uma regra de classificação, uma vez que gera uma árvore de decisão de um nível. O OneR constrói regras e testa um único atributo de cada vez e ramifica para cada valor desse atributo. Para cada ramo, a classe com a melhor classificação é a que ocorre com mais frequência nos dados de treino.

Algoritmo OneR

Para cada fator de previsão,

    Para cada valor desse preditor, criar uma regra da seguinte forma;

        Contar a frequência com que cada valor do objetivo (classe) aparece

        Encontrar a classe mais frequente

        Fazer com que a regra atribua essa classe a este valor do preditor

    Calcular o erro total das regras de cada preditor

Selecionar o preditor com o menor erro total.

3.1.6   Análise de componentes principais

A análise de componentes principais (ACP) é uma técnica normalizada utilizada para tratar a dependência linear entre variáveis. Uma ACP de um conjunto de m variáveis gera m novas variáveis (os componentes principais), *PCI...PCm*. Cada componente é obtida por combinação linear das variáveis originais, ou seja

$$PCi = = \sum_{j=1}^{m} bi,j.Xj \tag{4.10}$$

$$PC = B^T \vec{X} \tag{4.11}$$

em que Xj é a *j-ésima* variável original, *bi,j* o fator linear. Os coeficientes para *PCi* são escolhidos de modo a tornar a sua variância tão grande quanto possível. Matematicamente, a variação das m variáveis originais é expressa pela matriz de covariância. A matriz de transformação *B,* que contém os coeficientes *bi J*, corresponde à matriz dos vectores próprios da covariância. Ordenando os vectores próprios pelos seus valores Eigen, os componentes principais resultantes serão ordenados pela variância.

De facto, o tamanho de um valor Eigen define a distância a que um vetor de caraterísticas projetado no espaço Eigen será escalado ao longo da direção do vetor Eigen correspondente. Assim, este novo conjunto de caraterísticas é naturalmente classificado por variância, o que é útil se a variância for um substituto razoável para a capacidade de previsão.

3.1.7 Seleção de elementos de relevo

É eficiente, tem em conta a informação contextual e pode estimar corretamente a qualidade das caraterísticas em problemas com fortes dependências entre caraterísticas. A ideia principal do algoritmo ReliefF original é estimar a qualidade das caraterísticas de acordo com a forma como os seus valores distinguem as instâncias que estão próximas umas das outras.

O relevo funciona medindo a capacidade de um atributo para separar instâncias semelhantes. O processo de classificação das caraterísticas em relevo segue três passos básicos:

1. Calcular o erro mais próximo e o acerto mais próximo.

2. Calcular o peso de uma caraterística.

3. Devolve uma lista ordenada de caraterísticas ou as k caraterísticas principais de acordo com um determinado limiar.

Algoritmo de alívio

Entrada: Para cada instância de treino, um vetor de valores de atributos e o valor da classe

Resultado: O vetor W das estimativas das qualidades dos atributos

1. definir todos os pesos $W[A]$: = 0:0;

2. for i: = 1 to m do begin

3. selecionar aleatoriamente uma instância Ri;

4. encontrar o acerto mais próximo H e o erro mais próximo M;

5. for 4: = 1 to a do

6. $W[A] := W[A]_i \text{diff}(A;Ri;H)=m+\text{diff}(A;Ri;M)=m$;

7. fim;

3.1.8 Incerteza simétrica

8. A incerteza simétrica é utilizada para medir o grau de associação entre caraterísticas discretas. É derivada da entropia. É uma medida simétrica e pode ser utilizada para medir a correlação caraterística-caraterística.

$$SU = 2.0 \times \frac{H(X) + H(Y) - H(X,Y)}{H(Y) + H(X)} \qquad (4.12)$$

A incerteza simétrica é calculada pela equação acima. H(X) e H(Y) representam a entropia das caraterísticas X e Y. O valor da incerteza simétrica varia entre 0 e 1. O valor de 1 indica que uma variável (X ou Y) prevê completamente a outra variável. O valor de 0 indica que ambas as variáveis são completamente independentes.

3.2 Técnicas de classificação

A prospeção de dados é o processo de seleção, exploração e modelização de grandes quantidades de dados para descobrir regularidades ou relações inicialmente desconhecidas, com o objetivo de obter resultados claros e úteis para o proprietário da base de dados. As funcionalidades de extração de dados são utilizadas para especificar o tipo de padrões a encontrar nas tarefas de extração de dados.

A classificação de dados é uma tarefa muito importante na extração de dados e na aprendizagem automática. O objetivo da classificação é prever corretamente o valor de uma variável de classe discreta designada, dado um vetor de preditores ou atributos.

A entrada para o problema é um conjunto de dados denominado conjunto de treino, que consiste num certo número de exemplos, cada um com um certo número de atributos. Os atributos podem ser contínuos, quando os valores dos atributos estão ordenados, ou categóricos, quando os valores dos atributos não estão ordenados. Um dos atributos categóricos é designado por etiqueta de classe ou atributo de classificação.

O objetivo é utilizar o conjunto de treino para construir um modelo da etiqueta da classe com base nos outros atributos, de modo a que o modelo possa ser utilizado para classificar novos dados que não sejam do conjunto de dados de treino. A classificação tem sido estudada extensivamente em estatística, aprendizagem automática, redes neuronais e sistemas periciais ao longo de décadas. Existem vários algoritmos de classificação:

Algoritmos de árvore de decisão

Algoritmos Bayesianos

Algoritmos baseados em regras

Redes neuronais

Máquinas de vetor de suporte

Classificação associativa

Algoritmos genéticos

Depois de selecionar as caraterísticas mais relevantes, aplicámos diferentes algoritmos de classificação, tais como DT, NB, SVM, KNN e NN, e o desempenho destes algoritmos é utilizado para comparar a eficácia dos vários métodos de seleção de caraterísticas.

A extração de dados é um processo analítico concebido para explorar dados - normalmente grandes quantidades de dados. Utilizámos várias técnicas de classificação para descobrir regras de classificação e criar um modelo. Estas técnicas são DT, KNN, NB, NN e SVM. Os acidentes de aviação podem resultar em lesões humanas ou mesmo na morte. Uma companhia de aviação recolhe vários relatórios de casos, incluindo dados estruturais e textuais. Neste estudo, aplicámos diferentes métodos de classificação aos relatórios de incidentes.

O modelo de árvore de decisão é utilizado para prever o nível de alerta do componente como atributo de classe. O modelo de classificação proposto será capaz de prever o nível de alerta do acidente para as companhias aéreas. Explorámos a utilização das técnicas de árvore de decisão em dados de componentes de aviação. São dirigidas algumas recomendações de segurança à Airline Aviation Administration com base nas regras que foram geradas através desta análise.

3.2.1 Classificação e previsão

A classificação e a previsão são duas formas de análise de dados que podem ser utilizadas para extrair modelos que descrevem classes de dados importantes ou para prever tendências futuras dos dados. Enquanto a classificação prevê rótulos categóricos (ou valores discretos), a previsão modela funções de valor contínuo. A classificação de dados é um processo em duas etapas. Na primeira etapa, é criado um modelo que descreve um conjunto pré-determinado de classes ou conceitos de dados. Na segunda etapa, o modelo é utilizado para a classificação. A Figura 3.1 apresenta o diagrama de blocos do modelo de classificação para a análise de acidentes com aeronaves antes de aplicar a seleção de caraterísticas.

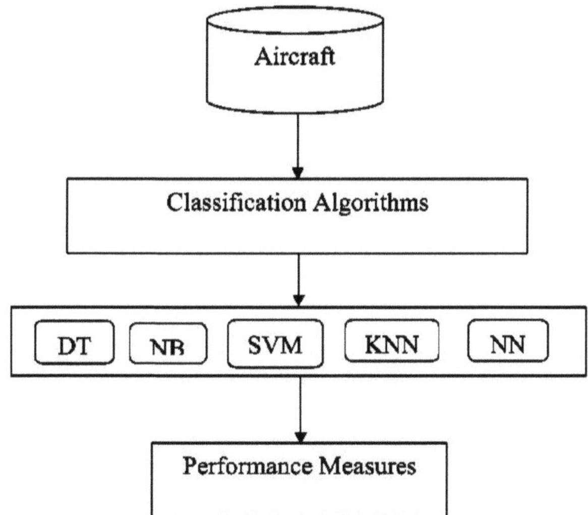

Figura 3.1 Diagrama de blocos do modelo de classificação para análise de acidentes com aeronaves

3.2. 2Classificador de árvore de decisão

A indução de árvores de decisão é uma abordagem muito popular e prática para a classificação de padrões. A árvore de decisão é geralmente construída de forma recursiva, de cima para baixo e gulosa. A árvore pode ser construída em primeiro lugar em termos de amplitude ou em termos de profundidade.

A estrutura da árvore de decisão é constituída por um nó de raiz, nós internos e nós de folha. As regras de classificação são derivadas da árvore de decisão e estas regras são utilizadas para classificar os registos com um valor desconhecido para a etiqueta de classe. A árvore de decisão é construída em duas fases: Fase de construção e fase de poda.

Na fase de construção da árvore, os atributos relevantes são selecionados com base em medidas de seleção de atributos, como o ganho de informação, o rácio de ganho, o índice de Gini, etc. Uma vez selecionado o atributo pertinente, a árvore é construída com esse nó como nó de raiz e os valores distintos do atributo são indicados como ramos. O processo de seleção do atributo relevante e de representação dos valores distintos como ramos é repetido até que todas as instâncias do conjunto de treino pertençam à mesma etiqueta de classe.

Na fase de poda, são eliminadas as sub-árvores que se podem ajustar demasiado aos dados. Isto aumenta a exatidão de uma árvore de classificação. As árvores de decisão lidam com atributos contínuos e discretos. As árvores de decisão são amplamente utilizadas porque fornecem regras legíveis para o ser humano, são fáceis de compreender, a construção da árvore de decisão é rápida e produzem uma maior precisão. Existem vários algoritmos para classificar os dados utilizando árvores de decisão.

O C4.5 é a versão melhorada dos algoritmos ID3 ou o resultado do C4.5 é a árvore de decisão. Uma árvore de decisão é semelhante a uma estrutura de árvore com um nó de raiz, nós intermédios e nós de folha. Cada nó da árvore consiste numa decisão e essa decisão conduz ao nosso resultado. A árvore de decisão divide o espaço de entrada de um conjunto de dados em áreas mutuamente exclusivas, tendo cada área uma etiqueta, um valor ou uma ação para descrever os seus pontos de dados. O critério de divisão é utilizado para calcular qual o melhor atributo para dividir a parte da árvore de dados de treino que chega a um determinado nó.

A árvore de decisão pode produzir um modelo com regras que são legíveis e interpretáveis pelo ser humano. A tarefa de classificação utilizando a técnica da árvore de decisão pode ser efectuada sem cálculos complicados e a técnica pode ser utilizada tanto para variáveis contínuas como para variáveis categóricas. Esta técnica é adequada para a previsão de resultados categóricos.

As abordagens de extração de dados têm sido aplicadas com êxito em diferentes domínios. O risco e a segurança foram sempre considerações importantes no sector da aviação. Existe uma grande quantidade de conhecimentos e de dados acumulados no sector da aviação. Estes dados podem ser armazenados sob a forma de relatórios de pilotos, relatórios de manutenção, relatórios de acidentes ou relatórios de atrasos. Este trabalho aplicou o modelo de árvore de decisão aos relatórios de acidentes da base de dados do sistema de dados de acidentes ou incidentes da Administração Federal da Aviação (FAA), que contém um número de instâncias de dados de acidentes para todas as categorias de aviação entre os anos de 1970 e 2012. O classificador de árvore de decisão é utilizado para prever o nível de aviso do componente como atributo de classe. Explorámos a utilização da técnica da árvore de decisão em dados de componentes de aviação. O algoritmo de indução da árvore de decisão é aplicado para gerar o modelo e o modelo gerado é utilizado para prever o aviso de acidentes na base de dados da companhia aérea. Este trabalho pode ser útil para as companhias de aviação fazerem melhores previsões.

Uma árvore de decisão é uma estrutura em árvore semelhante a um fluxograma, em que cada nó interno representa um teste a um atributo, cada ramo representa um resultado do teste e os nós das folhas representam classes ou distribuições de classes. O nó mais alto de uma árvore é o nó raiz.

Para classificar uma amostra desconhecida, os valores dos atributos da amostra são comparados com a árvore de decisão. É traçado um caminho desde a raiz até um nó folha que contém a previsão da classe para essa amostra. As árvores de decisão podem ser facilmente convertidas em regras de classificação.

Quando são construídas árvores de decisão, muitos dos ramos podem refletir ruído ou valores atípicos nos dados de treino. A poda de árvores tenta identificar e remover esses ramos, com o objetivo de melhorar a precisão da classificação em dados não vistos. A Figura 3.2 mostra o modelo típico de árvore de decisão gerado a partir de dados de acidentes aéreos. A árvore de decisão é formada utilizando o atributo acidente do conjunto de dados da aeronave.

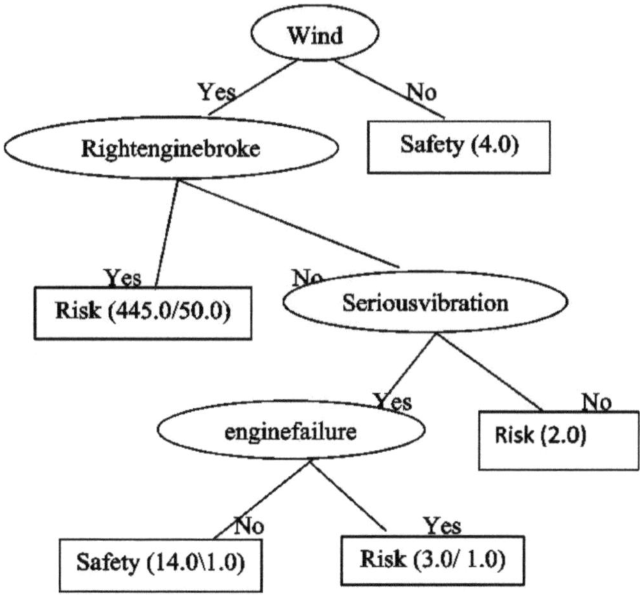

Figura 3.2 Modelo típico de árvore de decisão gerado a partir de dados de acidentes com aeronaves

Os dados utilizados neste estudo foram recolhidos da base de dados de uma grande companhia aérea de todo o mundo. A aplicação é efectuada em quatrocentas e sessenta e oito instâncias para comparar os resultados. O objetivo da análise é descobrir os atributos que afectam os níveis de aviso e dar uma nova formulação a esse respeito.

O objetivo dos conjuntos de dados desta aplicação é identificar os parâmetros eficazes para reduzir o número de mortes nos incidentes. Para a presente análise do espaço de amostragem, é utilizado o modelo de árvore de decisão. As regras da árvore de decisão (DT) obtidas foram testadas em termos de precisão e fiabilidade, e os resultados foram considerados muito significativos.

O modelo da Árvore de Decisão ajuda a resolver a tarefa de classificar os casos em várias categorias. O algoritmo DT está bem preparado para analisar bases de dados muito grandes porque não requer o carregamento simultâneo de todos os dados na memória principal da máquina. O mecanismo para construir a melhor árvore baseia-se numa combinação da teoria da informação de Shannon e de testes de significância estatística.

Tabela 3.1 Regras de previsão com árvore de decisão

```
1.If wind = Y & rightenginebroke = Y              : R(445.0/50.0)

2. If wind = Y & rightenginebroke = N &
Seroiusvibration = N                              : R (2.0)

3. If wind = Y & rightenginebroke = N &
Seroiusvibration = Y & Enginefailure = Y          : R (3.0/1.0)

4. If wind = Y & rightenginebroke = N &
Seroiusvibration = Y & Enginefailure = N          : S (14.0 /1.0)

5. If Wind = N                                    : S (4.0)
```

Com os dados de treino, a análise foi efectuada utilizando a árvore de decisão e foram testadas a validade e a precisão das regras obtidas. As regras obtidas a partir do modelo de árvore de decisão são apresentadas na Tabela 3.1.

3.2.3 Classificador Naive Bayes

Um classificador Naive Bayes (NB) é um classificador probabilístico simples baseado no teorema de Bayes, em que se assume que cada caraterística é condicionalmente independente da classe. Um termo mais descritivo para o modelo de probabilidade subjacente seria "modelo de caraterísticas **independentes**".

Na aprendizagem naive bayes, cada instância é descrita por um conjunto de caraterísticas e recebe um valor de classe de um conjunto predefinido de valores. A classificação das instâncias torna-se difícil quando o conjunto de dados contém um grande número de caraterísticas e classes, porque é necessário um número enorme de observações para estimar as probabilidades. Quando se assume que uma caraterística é condicionalmente independente da classe, isso significa realmente que o efeito do valor de uma variável numa determinada classe é independente dos valores de outras variáveis.

Um algoritmo de classificação naive-bayes é um algoritmo de classificação linear generativo que aplica a regra de Bayes e utiliza o pressuposto da independência: Algoritmo Naive-Bayes, NB, Algoritmo de Aprendizagem Naive-Bayes, Naive-Bayes, Classificador Naive-Bayes, Algoritmo de Classificação Bayesiana, Naive Bayes.

3.2.4   Classificador de máquinas de vetor de suporte

Os modelos de máquinas de vectores de suporte (SVM) têm uma forma funcional semelhante à das redes neuronais e das funções de base radial, ambas técnicas populares de extração de dados. O SVM tem um bom desempenho em conjuntos de dados com muitos atributos, mesmo que haja muito poucos casos para treinar o modelo.

As SVMs são uma espécie de mistura de modelação linear e aprendizagem baseada em instâncias. Uma SVM seleciona um pequeno número de amostras de fronteira críticas de cada classe e constrói uma função discriminante linear que as separa o mais possível. No caso de não ser possível uma separação linear, a técnica de "kernel" será utilizada para injetar automaticamente as amostras de treino num espaço de dimensão superior e para aprender um separador nesse espaço.

Uma máquina de vectores de suporte (SVM) é um hiperplano que separa dois conjuntos diferentes de amostras com a distância máxima do hiperplano às amostras mais próximas de ambos os conjuntos.

A fórmula para a saída de uma SVM linear é

$$u = w.\bar{x} - \bar{b}$$

Nesta equação, w é o vetor normal ao hiperplano e x é o vetor de entrada. Os pontos mais próximos situam-se nos planos u = ±1. A distância d é

$$d = \frac{1}{\|w\|^2}$$

A distância máxima d pode ser expressa através de um problema de otimização

$$min_w, b \frac{1}{2}\|\bar{w}\|^2 \ subject \ to \ yi(w.\bar{x}_i - \bar{b}) \geq 1,$$

em que Xj é a amostra de treino 1th e y_i é o resultado correto do SVM para a amostra de treino i[th]. O valor y_i é +1 para as amostras positivas e -1 para as amostras negativas.

No entanto, nenhum destes algoritmos tem a abordagem teórica bem fundamentada da regularização que constitui a base do SVM. A qualidade da generalização e a facilidade de treino do

SVM ultrapassam largamente as capacidades destes métodos mais tradicionais. O SVM pode modelar problemas complexos do mundo real, como a classificação de textos e imagens, o reconhecimento de escrita manual e a análise bioinformática e de sequências biológicas. A SVM tem um bom desempenho em conjuntos de dados com muitos atributos, mesmo que haja muito poucos casos para treinar o modelo.

3.2.5 k - Classificador do vizinho mais próximo

O k-Nearest Neighbor (k-NN) é um dos algoritmos de aprendizagem supervisionada que tem sido utilizado em muitas aplicações no domínio da extração de dados, do reconhecimento estatístico de padrões e muitas outras. É um método de classificação de objectos baseado nos exemplos de treino mais próximos no espaço de caraterísticas. Um objeto é classificado pela maioria dos seus vizinhos. K é sempre um número inteiro positivo. Os vizinhos são selecionados a partir de um conjunto de objectos para os quais se conhece a classificação correta.

O classificador k-NN é um algoritmo de aprendizagem preguiçosa não paramétrico. Uma amostra de dados no k-NN é classificada com base num número selecionado de k vizinhos mais próximos. Os pressupostos seguidos no k-NN são

1. O k-NN assume que os dados estão num espaço de caraterísticas, pelo que tem o conceito de distância. A distância euclidiana pode ser utilizada para calcular a distância entre vectores.
2. Cada vetor de treino está associado a um conjunto de vectores e a um rótulo de classe.
3. k decide quantos vizinhos influenciam a classificação.

A regra seguinte é a regra da maioria, que é amplamente utilizada no k-NN. A classificação dos vizinhos mais próximos pode ser decidida calculando a contagem dos valores de classe individuais de todos os k-vizinhos mais próximos. O valor da classe com a contagem maioritária é classificado na amostra, sendo k um número ímpar para evitar contagens duplicadas.

Os exemplos de treino são vectores num espaço multidimensional de caraterísticas, cada um com uma etiqueta de classe. A fase de treino do algoritmo consiste apenas em armazenar os vectores de caraterísticas e as etiquetas de classe das amostras de treino.

Na fase de classificação, A: é uma constante definida pelo utilizador e um vetor sem rótulo (um ponto de consulta ou de teste) é classificado atribuindo o rótulo mais frequente entre as k amostras de treino mais próximas desse ponto de consulta. Muitas vezes, a precisão da classificação do "k"-NN pode ser significativamente melhorada se a métrica de distância for aprendida com algoritmos especializados, como o Large Margin Nearest Neighbour ou a análise de componentes de vizinhança.

3.2.6 Classificador perceptron de várias camadas

Um Perceptron Multi-Camadas (MLP) é uma rede neuronal de avanço com uma ou mais camadas entre a camada de entrada e a camada de saída. Uma rede perceptron com três camadas:

Cada neurónio de cada camada está ligado a todos os neurónios das camadas adjacentes. Os vectores de treino ou de teste são apresentados à camada de entrada e processados pelas camadas oculta e de saída.

Os perceptrons multicamadas que utilizam um algoritmo de retropropagação são o algoritmo padrão para qualquer processo de reconhecimento de padrões de aprendizagem supervisionada e o objeto de investigação em curso na neurociência computacional e no processamento distribuído paralelo. São úteis na investigação devido à sua capacidade de resolver problemas de forma estocástica, o que permite frequentemente obter soluções aproximadas para problemas extremamente complexos, como a aproximação da aptidão física.

3.3 Análise de dados em grande escala em bases de dados de acidentes de aviação

Os classificadores como bayes, funções, lazy, misc, regras e árvore de decisão são aplicados no conjunto de dados de acidentes com aeronaves.

3.3.1 Classificadores Bayes

Os vários classificadores de bayes são

1. Estimadores de dependência média de um fator
   2. Estimadores de dependência média com resolução de subsunção
3. Rede Bayesiana
4. Naive Bayes oculto
5. Naive Bayes
6. Naive Bayes Simples
7. Naive Bayes atualizável
8. Estimadores de dependência única com média ponderada

1. Estimadores de dependência média de um fator

Os estimadores de dependência única média (AODE) são uma técnica de aprendizagem de classificação probabilística. Foi desenvolvida para resolver o problema de independência de atributos do popular classificador naive bayes. Desenvolve frequentemente classificadores substancialmente mais exactos do que o naive Bayes, à custa de um aumento modesto da quantidade de cálculos.

2. Estimadores de dependência média com resolução de subsunção

O Averaged one-dependence estimators with Subsumption Resolution (AODEsr) detecta as especializações entre dois valores de atributos no momento da classificação e elimina o valor do atributo de generalização.

3. Rede Bayesiana

Uma rede Bayesiana, rede Bayes, rede de crenças, modelo Bayes(iano) ou modelo gráfico acíclico dirigido probabilístico é um modelo gráfico probabilístico (um tipo de modelo estatístico) que representa um conjunto de variáveis aleatórias e as suas dependências condicionais através de um gráfico acíclico dirigido (DAG). As redes bayesianas (BNs), também conhecidas como redes de crenças (ou redes de Bayes), pertencem à família dos modelos gráficos probabilísticos (GMs). Estas estruturas gráficas são utilizadas para representar conhecimentos sobre um domínio incerto.

4.   **Naive Bayes oculto**

O HNB herda a simplicidade estrutural do Bayes ingénuo e pode ser facilmente aprendido sem aprendizagem de estruturas.

5.   **Classificador Naive Bayes**

Um classificador de Bayes é um classificador probabilístico simples baseado na aplicação do teorema de Bayes (da estatística bayesiana) com pressupostos de independência fortes (ingénuos). Um termo mais descritivo para o modelo de probabilidade subjacente seria "modelo de caraterísticas independentes".

6.   **Naive Bayes Simples**

Na aprendizagem automática, os classificadores Bayes ingénuos são uma família de classificadores probabilísticos simples baseados na aplicação do teorema de Bayes com pressupostos de independência forte (ingénua) entre as caraterísticas. Os modelos de Bayes ingénuos são também conhecidos sob vários nomes na literatura, incluindo Bayes simples e Bayes independente.

7.   **Naive Bayes atualizável**

Classe para um classificador Naive Bayes que utiliza classes de estimadores. Esta é a versão atualizável do Naive Bayes. Esse classificador usará uma precisão padrão de 0,1 para atributos numéricos.

8.   **Estimadores de dependência única com média ponderada**

WAODE constrói o modelo denominado Weightily Averaged One- Dependence Estimators.

3.3.2 Classificadores de funções

Os vários classificadores em funções são

    1.   Regressão logística

    2.   Perceptron multicamada

1. Regressão logística

Em estatística, a regressão logística, ou regressão logit, é um tipo de modelo de classificação estatística probabilística. Também é utilizada para prever uma resposta binária a partir de um preditor binário, utilizado para prever o resultado de uma variável dependente categórica (ou seja, um rótulo de classe) com base numa ou mais variáveis preditoras (caraterísticas). Ou seja, é utilizado para estimar os parâmetros de um modelo de resposta qualitativa. As probabilidades que descrevem os resultados possíveis de um único ensaio são modeladas, em função das variáveis explicativas (preditoras), utilizando uma função logística.

2. Perceptrão multicamada

Um perceptrão multicamadas (MLP) é um modelo de rede neuronal artificial de alimentação direta que mapeia conjuntos de dados de entrada para um conjunto de saídas adequadas. Um MLP consiste em várias camadas de nós num gráfico dirigido, com cada camada totalmente ligada à seguinte. Com exceção dos nós de entrada, cada nó é um neurónio (ou elemento de processamento) com uma função de ativação não linear. O MLP utiliza uma técnica de aprendizagem supervisionada chamada retropropagação para treinar a rede. A MLP é uma modificação do perceptron linear padrão e pode distinguir dados que não são linearmente separáveis.

3. 3.3 Classificadores preguiçosos

Os vários classificadores em análise são

1. IB1
2. IBk
3. KStar

1. Baseado em instâncias (IB1)

O classificador de vizinhança mais próxima utiliza a distância euclidiana normalizada para encontrar a instância de treino mais próxima da instância de teste dada e prevê a mesma classe que esta instância de treino. Se várias instâncias tiverem a mesma distância (mais pequena) em relação à instância de teste, é utilizada a primeira que for encontrada.

2. IBk

IBk (IB significa Instance-Based, e o k permite-nos especificar o número de vizinhos a examinar. No reconhecimento de padrões, o **algoritmo ^-Nearest Neighbors** (ou **£-NN**) é um método não paramétrico utilizado para classificação e regressão. Em ambos os casos, a entrada consiste nos k exemplos de treino mais próximos no espaço de caraterísticas. O resultado depende do facto de o fc-NN ser utilizado para classificação ou regressão:

- Na *classificação k-NN,* o resultado é uma associação de classe. Um objeto é classificado por maioria de votos dos seus vizinhos, sendo o objeto atribuído à classe mais comum entre os seus k vizinhos mais próximos *(k* é um número inteiro positivo, normalmente pequeno). Se $k= 1$, então o objeto é simplesmente atribuído à classe desse único vizinho mais próximo.
- Na *regressão k-NN,* o resultado é o valor da propriedade do objeto. Este valor é a média dos valores dos seus k vizinhos mais próximos.

A>NN é um tipo de aprendizagem baseada em instâncias, ou aprendizagem preguiçosa, em que a função é apenas aproximada localmente e toda a computação é adiada até à classificação.

O algoritmo A>NN está entre os mais simples de todos os algoritmos de aprendizagem automática.

3.   KStar

O K* é um classificador baseado em instâncias, ou seja, a classe de uma instância de teste baseia-se na classe das instâncias de treino semelhantes a essa instância, conforme determinado por uma função de semelhança. Difere de outros aprendizes baseados em instâncias pelo facto de utilizar uma função de distância baseada na entropia.

3.3.4 Classificadores MISC

Os vários classificadores em análise são

1.   HyperPipe
2.   Recurso de votação (VF)

1.   Hyper Pipe

Classe que implementa um classificador Hyper Pipe para cada categoria é construído um Hyper Pipe que contém todos os pontos dessa categoria (essencialmente regista os limites dos atributos observados para cada categoria). As instâncias de teste são classificadas de acordo com a categoria que "mais contém a instância".

2.   Recurso de votação

As classificações por votação de intervalos de caraterísticas são construídas em torno de cada classe para cada atributo (basicamente discretização). As contagens das classes são registadas para cada intervalo em cada atributo. A classificação é efectuada por votação.

3.3.5 Classificadores de regras

Os vários classificadores sob regras são

1.   Regra de conjunção
2.   Quadro de decisão

1. Regra de conjunção

Uma regra é constituída por antecedentes e pelo consequente (valor da classe) para a classificação/regressão. Neste caso, o consequente é a distribuição das classes disponíveis (ou média para um valor numérico) no conjunto de dados. Se a instância de teste não for abrangida por esta regra, então é prevista utilizando as distribuições/valores de classe predefinidos dos dados não abrangidos pela regra nos dados de treino. Este aprendiz seleciona um antecedente calculando o ganho de informação de cada antecedente e poda a regra gerada utilizando a poda de erro reduzido (REP) ou a poda prévia simples com base no número de antecedentes.

2.   Quadro de decisão

As tabelas de decisão são uma forma precisa e compacta de modelar uma lógica complicada. As tabelas de decisão, tal como os fluxogramas e as instruções if-then-else e switchcase, associam condições a acções a executar, mas em muitos casos fazem-no de uma forma mais elegante.

3.3.6 Classificadores de árvores de decisão

Os vários classificadores em árvores de decisão são

1. Árvore de decisão alternada (ADTree)
2. Coto de decisão
3. Árvore de funções (FT)
4. Dicotomizador iterativo 3 (ID3)
5. J48
6. J48enxerto
7. LADTree
8. Floresta aleatória
9. Árvore aleatória
10. REPTree
11. Classificador de utilizadores

1.   Árvore de decisão alternada

Uma árvore de decisão alternada (ADTree) é um método de aprendizagem automática para classificação. Generaliza as árvores de decisão e tem ligações ao boosting.

2.   Coto de decisão

Um cepo de decisão é um modelo de aprendizagem automática que consiste numa árvore de decisão de um nível. Ou seja, é uma árvore de decisão com um nó interno (a raiz) que está imediatamente ligado aos nós terminais (as suas folhas). Um cepo de decisão faz uma previsão com base no valor de apenas uma caraterística de entrada. Por vezes, também são designados por regras 1.

Dependendo do tipo de caraterística de entrada, são possíveis diversas variações. No caso das caraterísticas nominais, pode construir-se um cepo que contenha uma folha para cada valor possível da caraterística ou um cepo com duas folhas, uma das quais corresponde a uma categoria selecionada e a outra folha a todas as outras categorias. Para as caraterísticas binárias, estes dois esquemas são idênticos. Um valor em falta pode ser tratado como uma outra categoria.

No caso de caraterísticas contínuas, é normalmente selecionado um valor limiar para a caraterística e o cepo contém duas folhas para valores abaixo e acima do limiar. No entanto, raramente, podem ser selecionados vários limiares, pelo que o cepo contém três ou mais folhas.

Os cotos de decisão são frequentemente utilizados como componentes (designados por "aprendentes fracos" ou "aprendentes de base") em técnicas de conjunto de aprendizagem automática, como o ensacamento e o reforço. Por exemplo, um algoritmo de deteção facial Viola-Jones de última geração utiliza o AdaBoost com cotos de decisão como alunos fracos.

3.   Árvore de funções (FT)

Na teoria dos sistemas complexos, uma árvore de funções é um diagrama que mostra as dependências entre as funções de um sistema. Divide um problema (ou a sua solução) em partes mais simples. Quando utilizada na programação informática, uma árvore de funções visualiza a função que chama outra. Classificador para construir "árvores funcionais", que são árvores de classificação que podem ter funções de regressão logística nos nós interiores e/ou nas folhas. O algoritmo pode lidar com variáveis alvo binárias e multi-classe, atributos numéricos e nominais e valores em falta.

4.   Dicotomizador iterativo 3 (ID3)

Na aprendizagem de árvores de decisão, o ID3 (Iterative Dichotomiser 3) é um algoritmo inventado por Ross Quinlan utilizado para gerar uma árvore de decisão a partir de um conjunto de dados. O ID3 é o precursor do algoritmo C4.5 e é normalmente utilizado nos domínios da aprendizagem automática e do processamento de linguagem natural. O C4.5 é um algoritmo utilizado para gerar uma árvore de decisão desenvolvido por Ross Quinlan. O C4.5 é uma extensão do anterior algoritmo ID3 de Quinlan. As árvores de decisão geradas pelo C4.5 podem ser utilizadas para classificação e, por este motivo, o C4.5 é frequentemente referido como um classificador estatístico.

5.   J48

Uma árvore de decisão é um modelo preditivo de aprendizagem automática que decide o valor-alvo (variável dependente) de uma nova amostra com base em vários valores de atributos dos dados disponíveis. Os nós internos de uma árvore de decisão representam os diferentes atributos; os ramos entre os nós indicam os valores possíveis que esses atributos podem ter nas amostras observadas, enquanto os nós terminais indicam o valor final (classificação) da variável dependente. O atributo a prever é designado por variável dependente, uma vez que o seu valor depende, ou é decidido, pelos valores de todos os outros atributos. Os outros atributos, que ajudam a prever o valor da variável dependente, são conhecidos como as variáveis independentes do conjunto de dados.

O classificador de árvore de decisão J48 segue o seguinte algoritmo simples. Para classificar um novo item, primeiro é necessário criar uma árvore de decisão com base nos valores dos atributos dos dados de treino disponíveis. Assim, sempre que encontra um conjunto de itens (conjunto de treino), identifica o atributo que discrimina mais claramente as várias instâncias.

6.   J48enxerto

O enxerto de árvores de decisão adiciona nós a uma árvore de decisão existente com o objetivo principal de reduzir a árvore de previsão. Assim, o algoritmo J48graft considera um conjunto de dados de treino para cada folha da árvore de decisão. Aqui, o enxerto é aplicado como um pós-processo a uma árvore de decisão já gerada. Identifica as regiões do espaço de amostragem que não estão ocupadas por exemplos de treino e considera a classificação opcional para essas regiões identificadas.

Estas classificações são geradas considerando ramos alternativos baseados nos nós predecessores da folha que contém a região identificada. Se for utilizada uma classificação alternativa à que é atribuída à região pela árvore atual, é enxertado um novo ramo nessa árvore que substitui a classificação antiga pela recém-gerada. A complexidade desta técnica é comparativamente mais baixa do que a da árvore única de um comité, embora aumente a dimensão da árvore.

7.   LADTree

A árvore LAD aborda o método alternativo para obter árvores de regressão utilizando o critério LAD (Least Absolute Deviation). Fornece um método poderoso para distribuição enviesada e outliers do que o critério LS anteriormente utilizado em árvores de regressão padrão. A variação efectiva da árvore LAD em relação à árvore LS é a utilização do desvio médio absoluto como critério de erro em vez das médias nas folhas. Como consequência deste teorema, as árvores LAD devem ter medianas nas folhas em vez de médias como as árvores de regressão LS.

8.   Floresta aleatória

O algoritmo da floresta aleatória, desenvolvido por Leo Breiman e Adele Cutie, é um método de aprendizagem de conjunto para classificação e regressão que funciona através da construção de um conjunto de árvores de decisão em tempo de treino, produzindo assim a classe. As florestas aleatórias são basicamente uma combinação de preditores de árvores em que um vetor amostrado aleatoriamente decide a estrutura da árvore.

A floresta aleatória é um classificador que consiste em classificadores estruturados em árvore que dependem destes vectores amostrados aleatoriamente. A seleção aleatória de caraterísticas para dividir cada nó produz taxas de erro que se comparam favoravelmente ao reforço adaptativo, mas são mais poderosas do que as caraterísticas com ruído. As florestas aleatórias são utilizadas para classificar a importância das variáveis num problema de classificação ou regressão.

9.   Árvore aleatória

Baseia-se na evolução de um valor aleatório que se designa por processo estocástico. Funciona com estruturas que formam logicamente uma arborescência adequada. Os tipos de árvores aleatórias são a árvore binária aleatória, a árvore de extensão mínima aleatória, a árvore recursiva aleatória, a árvore aleatória de exploração rápida, a árvore browniana, a floresta aleatória e o processo de ramificação.

10.   Árvore REP

A construção de modelos de árvores foi objeto de sérias críticas que defendem que uma única árvore ou uma sequência aninhada de árvores gerada ignora a incerteza que está associada à estrutura da árvore. Este problema não é tão mau como parece, pois centenas de árvores diferem apenas em alguns nós. Assim, propomos um método em que definimos várias métricas de distância, resumindo assim uma floresta de árvores por várias árvores representativas e clusters associados. O gráfico de árvore adicionado, um gráfico peculiar, é introduzido como um meio para decidir o total de árvores a analisar exatamente. Ao mesmo tempo, também ajuda a identificar os diferentes tipos de árvores que melhor se adaptam ao conjunto de dados.

11.   Classificador de utilizadores

Um dos classificadores do WEKA é especial na medida em que é interativo e permite que o utilizador construa o seu próprio classificador de árvore de decisão. Este classificador é designado por Classificador do utilizador.

Para o classificador do utilizador, é melhor ter atributos numéricos porque podem ser bem representados em gráficos de píxeis. No classificador do utilizador, os nós da árvore de decisão não são testes simples sobre valores de atributos, mas sim regiões que o utilizador seleciona interactivamente nestes gráficos. Assim, se uma instância estiver dentro da região, segue um ramo da árvore e, se estiver fora da região, segue o outro ramo. Assim, cada nó tem apenas dois ramos que descem a partir dele.

CAPÍTULO 4

RESULTADOS EXPERIMENTAIS

4.1 RESULTADOS SOBRE MÉTODOS DE SELECÇÃO DE CARACTERÍSTICAS E TÉCNICAS DE CLASSIFICAÇÃO PARA A ANÁLISE DE ACIDENTES COM AERONAVES

Como parte da etapa de seleção de caraterísticas, utilizámos oito abordagens de filtragem (i) Pesquisa BestFirst com seleção de caraterísticas baseada na correlação como mecanismo de avaliação do subconjunto (ii) Pesquisa BestFirst com subconjunto de consistência como medida para selecionar atributos relevantes (iii) Pesquisa de classificação com rácio de ganho como medida para selecionar atributos relevantes (iv) Pesquisa de classificação com ganho de informação como mecanismo de avaliação de subconjuntos (v) Pesquisa de classificação com subconjunto OneR como medida de seleção de atributos relevantes (vi) Pesquisa de classificação com atributo de componente principal como medida de seleção de atributos (vii) Pesquisa de classificação com ReleifF como desempenho de seleção de atributos (viii) Pesquisa de classificação com Symmetric como medida de seleção de atributos da base de dados de acidentes/incidentes com aeronaves. A árvore de decisão com 181 atributos deu uma exatidão de 99,8% da PCA. Para a árvore de decisão, foi utilizado o método de validação cruzada K folds por defeito com $K = 10$. Este estudo também provou que o seletor de caraterísticas PCA tem um desempenho melhor do que outros métodos em dados de companhias aéreas.

O número de caraterísticas selecionadas por cada método de seleção de caraterísticas no conjunto de dados de acidentes com aeronaves é apresentado no quadro 4.1. O desempenho da árvore de decisão nas caraterísticas selecionadas por diferentes métodos de seleção é apresentado no quadro 4.2. O desempenho da árvore de decisão nas caraterísticas selecionadas para o conjunto de dados de acidentes com aeronaves é apresentado na Figura 4.1.

Tabela 4.1 Número de caraterísticas selecionadas por cada método de seleção de caraterísticas no conjunto de dados de acidentes com aeronaves

Search	Evaluator	Selected Attributes
BTF	Cfs	12
BTF	Consistency	37
Ranker	Gain Ratio	90
Ranker	Info.Gain	90
Ranker	OneR	90
Ranker	PCA	67

| Ranker | ReliefF | 90 |
| Ranker | Symmetric | 90 |

Tabela 4.2 Desempenho da árvore de decisão em caraterísticas selecionadas por diferentes métodos de seleção de caraterísticas

Feature Evaluator	Accuracy
Cfs	97.8%
Consistency	91.8%
Gain Ratio	99.4%
Info.Gain	99.4%
OneR	98.4%
PCA	99.8 %
ReliefF	95.4%
Symmetric	99.4%

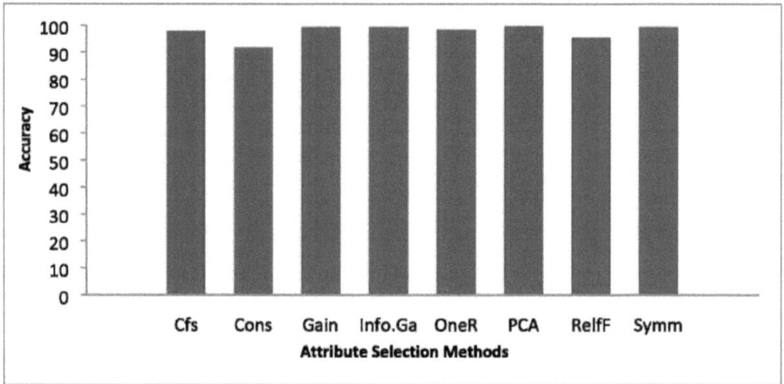

Figura 4.1 Desempenho da árvore de decisão em caraterísticas selecionadas para o conjunto de dados de acidentes com aeronaves

O subconjunto de caraterísticas obtido é então testado utilizando o método de classificação, nomeadamente o classificador de árvore de decisão. Os resultados experimentais ilustram que a seleção do subconjunto de caraterísticas identificadas utilizando a PCA melhora a precisão da classificação quando comparada com a seleção do subconjunto utilizando o ganho de informação. Neste estudo, explorámos a utilização de diferentes técnicas de seleção de caraterísticas em dados de acidentes de aviação. O principal contributo deste estudo consiste em avaliar o desempenho de diferentes selectores de subconjuntos de caraterísticas, nomeadamente CFS,

Consistência, Rácio de Ganho, Ganho de Informação, Simétrico, Wrapper, ReleifF, OneR e PCA, em dados de componentes de aviação. Verificámos que a seleção de subconjuntos de caraterísticas utilizando a PCA fornece melhores resultados do que outros métodos.

A partir da comparação dos valores categóricos do conjunto de atributos, observa-se que os resultados são significativos. Os valores de TP Rate, FP Rate, Precision, Recall, F- Measure e ROC são apresentados na Tabela 4.3. Como se pode ver na Tabela 4.3, os resultados da classificação com mais atributos dão a maior exatidão. Observa-se que as árvores de decisão são eficazes na descoberta de informações úteis e corretas nos dados. É fácil para os intérpretes compreenderem os resultados obtidos neste trabalho. Com a ajuda dos resultados aqui obtidos, podem ser feitas previsões e tomadas precauções contra os acidentes aéreos. Consequentemente, com base nestas regras, são dirigidas algumas recomendações de segurança à administração da aviação aérea. A partir da comparação dos valores de probabilidade, eficiência e precisão, observa-se que os resultados são fiáveis (ver Quadro 4.3).

Tabela 4.3 Desempenho da árvore de decisão no conjunto de dados da aviação com diferentes métricas

TP Rate	FP Rate	Precision	Recall	F-Measure	ROC Area	Class
0.968	0.676	0.894	0.968	0.929	0.755	R
0.324	0.033	0.629	0.324	0.427	0.755	S
0.874	0.583	0.855	0.874	0.856	0.755	WA

A exatidão da classificação é apresentada no quadro 4.4. A taxa de erro da classificação é apresentada no quadro 4.5.

Tabela 4.4 Exatidão do classificador de árvore de decisão no conjunto de dados da aviação

Classification	Instances	Accuracy
Correctly Classified	409	87.39%

Tabela 4.5 Taxa de erro do classificador de árvore de decisão no conjunto de dados da aviação

Misclassification	Instances	Error
Incorrectly Classified	59	12.61%

Neste estudo, explorámos a utilização do modelo de árvore de decisão em dados de acidentes de aviação. Discutimos os conceitos e princípios básicos dos algoritmos de árvores de decisão na extração de dados. A principal contribuição deste estudo é a aplicação do algoritmo de indução de árvores de decisão em dados de componentes de aviação.

A comparação dos classificadores DT, k-NN, NB, NN e SVM com base na métrica de desempenho TPRate, FPRate, Precision, Recall, F-Measure e valores de exatidão mostra que os resultados são fiáveis. O desempenho dos classificadores nos resultados do conjunto de dados de acidentes de aviação é apresentado na Tabela 4.6.

Tabela 4.6 Desempenho dos classificadores no conjunto de dados da aviação

Classifier / Performance – metric	DT	KNN	NB	NN	SVM
TP Rate	0.939	0.881	0.91	0.917	0.954
FP Rate	0.602	0.432	0.386	0.602	0.67
Precision	0.88	0.905	0.917	0.877	0.869
Recall	0.939	0.881	0.91	0.917	0.954
F-Measure	0.908	0.893	0.914	0.897	0.91
Accuracy	84.4%	82.6%	85.8 %	82.6 %	84.4%

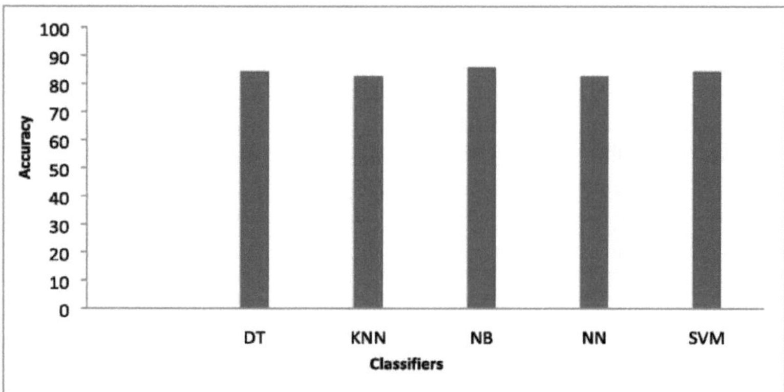

Figure 4.2   Desempenho de diferentes classificadores no conjunto de dados da aviação

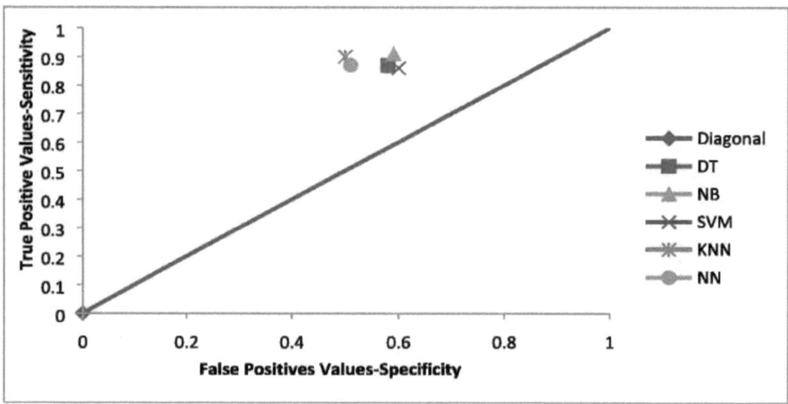

Figure 4.3 Desempenho de diferentes modelos de classificação no conjunto de dados da aviação com a curva ROC

Neste estudo, explorámos a utilização de várias técnicas de classificação em dados de acidentes de aviação. Foram abordados os conceitos e princípios básicos dos algoritmos de classificação na extração de dados. O principal contributo deste estudo é avaliar o desempenho de diferentes técnicas de classificação, tais como DT, KNN, NB, NN e SVM, em dados de componentes de aviação.

Aplicámos as várias técnicas de seleção de caraterísticas, tais como CFS, CS, GR, IG, OneR, PCA, RFF e SU no conjunto de dados de acidentes com aeronaves. Após a seleção das caraterísticas, utilizámos vários classificadores, como DT, NB, SVM, KNN e NN, para criar modelos de classificação nos conjuntos de dados com vários subconjuntos de caraterísticas selecionados. Os modelos de classificação são avaliados em termos de exatidão e de outras métricas de desempenho.

O desempenho do classificador nas caraterísticas originais é apresentado na Tabela 4.7. A Tabela 4.8 resume o desempenho da classificação em termos de precisão para diferentes métodos de seleção de caraterísticas.

A tabela também apresenta o desempenho do modelo em todo o conjunto de dados. A partir da comparação entre DT, NB, SVM, KNN e NN na métrica de desempenho dos valores de precisão, observa-se que os resultados são fiáveis (ver Tabela 4.8). A Tabela 4.9 apresenta e resume a comparação do desempenho da classificação em termos de exatidão média dos diferentes classificadores.

A Tabela 4.10 apresenta e resume a precisão média da utilização de diferentes métodos de seleção de caraterísticas.

Todos estes resultados são mapeados num grupo de classificadores e caraterísticas, como se mostra nas Figuras 4.4 a 4.6. Os resultados da comparação múltipla são apresentados na Figura 4.4. A figura mostra os seguintes factos: O DT teve um melhor desempenho do que outros classificadores e os métodos PCA tiveram um melhor desempenho do que outros métodos de seleção de caraterísticas. CFS, CS, GR, OneR, IG, RFF e SU, estes sete métodos estão ordenados pelo seu desempenho do pior para o melhor. A precisão média dos resultados dos classificadores é apresentada na Figura 4.5. A precisão média de diferentes classificadores em caraterísticas reduzidas por diferentes métodos de seleção de caraterísticas é apresentada na Figura 4.6.

A curva ROC (curva caraterística de funcionamento do recetor) é um gráfico que ilustra o desempenho de um classificador binário à medida que o seu limiar de discriminação é variado. É criada traçando a fração de verdadeiros positivos de entre os positivos (TPR = taxa de verdadeiros positivos) vs. a fração de falsos positivos de entre os negativos (FPR = taxa de falsos positivos), em várias definições de limiar.

A TPR é também conhecida como sensibilidade (também designada por recordação nalguns domínios) e a FPR é um menos a especificidade ou a taxa de verdadeiros negativos. A Figura

4.7 mostra o desempenho do classificador nas caraterísticas originais com a curva ROC. A Figura 4.8 mostra o desempenho do classificador em caraterísticas reduzidas com a curva ROC

Este estudo também provou que o classificador DT teria um melhor desempenho do que outros classificadores e que o método PCA teria um melhor desempenho do que outros métodos de seleção de caraterísticas em dados de companhias aéreas.

Tabela 4.7 Desempenho dos classificadores nas caraterísticas originais

Classifiers	Correctly Classified Instances	Incorrectly Classified Instances	Accuracy (%)
DT	422	78	84.4
NB	429	71	85.8
SVM	422	78	84.4
KNN	413	87	82.6
NN	413	87	82.6

Tabela 4.8 Desempenho dos classificadores de caraterísticas reduzidas

Feature Selection Method	DT	NB	SVM	KNN	NN	AVG
CFS	97.08	97.08	97.08	97.08	97.08	97.08%
CS	91.08	90.02	91.06	91.02	86.06	90.28%
GR	99.04	99.04	99.04	99.04	99.04	99.04%
IG	99.04	99.04	99.04	99.04	98.04	99.02%
OneR	98.04	98.04	98.04	98.00	97.06	98.16%
PCA	99.08	99.08	99.08	99.06	99.08	99.76%
RF	95.04	93.08	95.04	94.08	91.04	94.16%
SU	99.04	99.04	99.04	94.04	93.00	97.12%
AVG	97.68%	97.28%	97.65%	96.83%	95.05%	

Tabela 4.9 Exatidão média de diferentes classificadores com caraterísticas reduzidas

Classifiers	Accuracy (%)
Decision Tree	**97.68**
Naive Bayes	97.28
Support Vector Machines	97.65

| K-Nearest Neighbor | 96.83 |
| Neural Network | 95.05 |

Tabela 4.10 Precisão média de diferentes métodos de seleção de caraterísticas em diferentes classificadores

Feature Selection Methods	Accuracy (%)
CFS Subset evaluation	97.08
Consistency subset evaluation	90.28
Gain ratio attribute evaluation	99.04
Info gain attribute evaluation	99.02
OneR attribute evaluation	98.16
Principal Component Analysis	**99.76**
Relief attribute evaluation	94.16
Symmetric Uncertainty	97.12

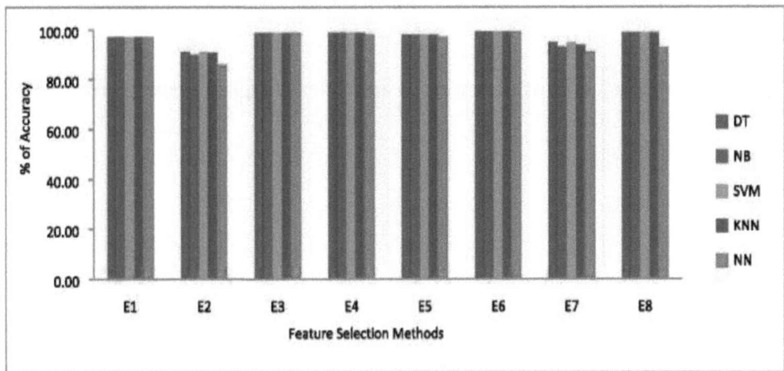

Figure 4.4   Desempenho dos classificadores com caraterísticas reduzidas

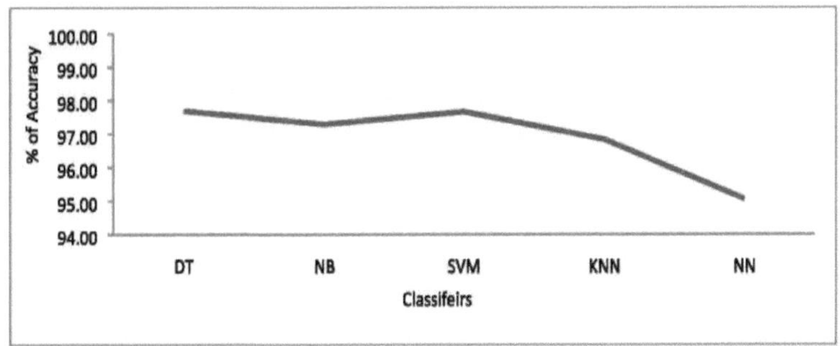

Figure 4.5   Exatidão média dos diferentes classificadores com base nas caraterísticas originais

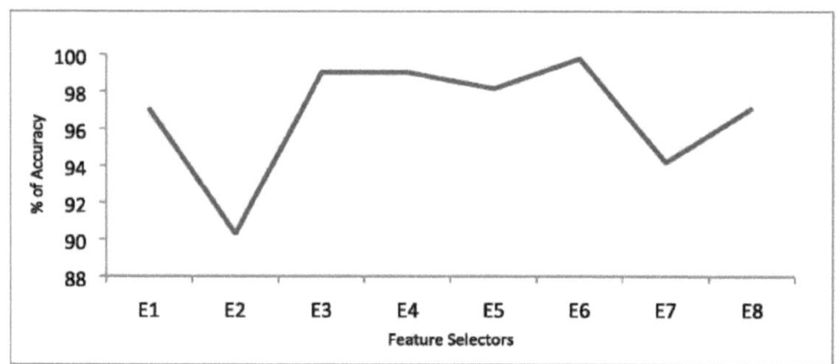

Figura 4.6 Precisão média de diferentes classificadores em caraterísticas reduzidas por diferentes métodos de seleção de caraterísticas

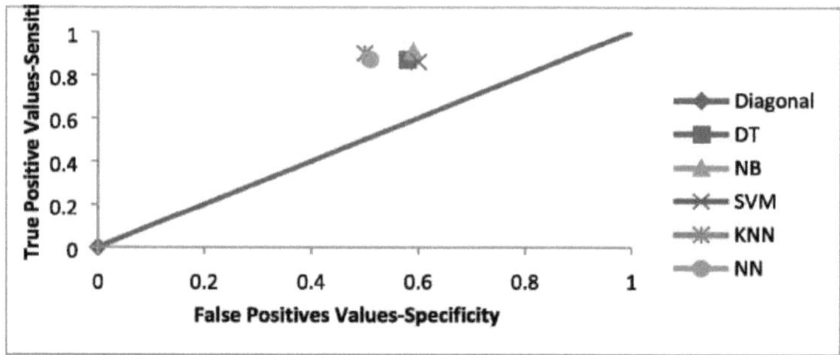

Figura 4.7 Desempenho do classificador nas caraterísticas originais com a curva ROC

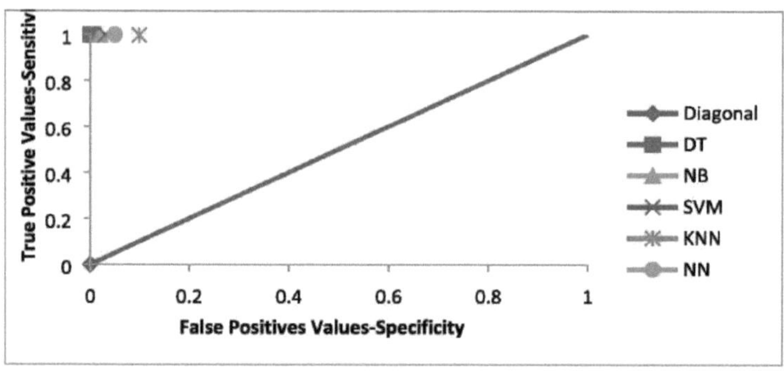

Figura 4.8 Desempenho do classificador em caraterísticas reduzidas com a curva ROC

A precisão do classificador de árvore de decisão foi melhorada de 84,4% para 97,68%, sendo 84,4% a precisão com caraterísticas originais e 97,68% a precisão média da aplicação de diferentes selectores de caraterísticas.

A precisão do classificador Naive Bayes foi melhorada de 85,8% para 97,28%, sendo 85,8% a precisão com as caraterísticas originais e 97,28% a precisão média da aplicação de diferentes selectores de caraterísticas.

A precisão do classificador da máquina de vectores de apoio foi melhorada de 84,4% para

97,65%, em que 84,4% é a precisão com caraterísticas originais e 97,65% é a precisão média da aplicação de diferentes selectores de caraterísticas.

A precisão do classificador do vizinho mais próximo K foi melhorada de 82,6% para 96,83%, sendo 82,6% a precisão com caraterísticas originais e 96,83% a precisão média da aplicação de diferentes selectores de caraterísticas.

A precisão do classificador de rede neural artificial foi melhorada de 82,6% para 95,05%, sendo 82,6% a precisão com caraterísticas originais e 95,05% a precisão média da aplicação de diferentes selectores de caraterísticas.

A árvore de decisão mostra um desempenho de deteção significativo na caraterística selecionada por diferentes selectores de caraterísticas do que outros classificadores e o desempenho da análise de componentes principais para a redução de caraterísticas é comparativamente melhor do que outros métodos.

4.2 RESULTADOS DA ANÁLISE DE DADOS EM GRANDE ESCALA DA BASE DE DADOS DE ACIDENTES COM AERONAVES

A principal contribuição é o estudo do desempenho da classificação em termos de precisão com diferentes métodos de seleção de caraterísticas. A comparação de diferentes classificadores com base na métrica de desempenho é observada.

Tabela 4.11 Desempenho de diferentes classificadores de Bayes em caraterísticas reduzidas por diferentes selectores de caraterísticas

Classifiers	CFS	CSY	GR	IG	OneR	PCA	RF	SU
Bayes								
AODE	93.251	93.603	93.642	93.740	93.270	93.349	93.172	93.818
AODEsr	93.251	93.740	93.681	93.798	93.270	93.212	93.172	93.877
BayesNet	93.270	93.446	93.662	93.681	93.212	93.290	93.094	93.759
HNB	93.251	94.229	93.740	93.622	93.231	93.642	93.231	93.838
NaiveBayes	93.270	93.466	93.662	93.681	93.212	93.388	93.094	93.759
NBSimple	93.270	93.466	93.662	93.681	93.212	93.388	93.094	93.759
NBUpdateable	93.270	93.466	93.662	93.681	93.212	93.388	93.094	93.759
WAODE	93.231	94.229	93.759	93.838	93.172	93.857	93.251	93.759

Tabela 4.12 Desempenho de diferentes classificadores de funções em caraterísticas reduzidas por diferentes selectores de caraterísticas

Classifiers	CFS	CSY	GR	IG	OneR	PCA	RF	SU
Functions								
Logistic	93.153	95.852	93.720	93.740	92.996	93.309	95.070	93.877
Multilayer	93.192	94.131	93.701	93.427	93.309	92.957	94.972	93.427

Tabela 4.13 Desempenho de diferentes classificadores preguiçosos em caraterísticas reduzidas por diferentes selectores de caraterísticas

Classifiers	CFS	CSY	GR	IG	OneR	PCA	RF	SU
Lazy								
IB1	88.693	91.881	87.147	90.395	92.859	90.414	92.351	89.886
IBk	93.133	93.720	93.720	93.388	93.446	92.996	94.718	93.720
KStar	93.016	94.268	92.742	93.251	92.938	93.368	94.835	93.329

Tabela 4.14 Desempenho de diferentes classificadores misc em caraterísticas reduzidas por diferentes selectores de caraterísticas

Classifiers	CFS	CSY	GR	IG	OneR	PCA	RF	SU
MISC								
HyperPipe	76.995	76.936	77.034	76.838	77.073	76.643	76.486	76.838
VFI	89.064	93.798	88.497	92.331	92.546	92.214	94.287	91.979

Tabela 4.15 Desempenho de diferentes classificadores de regras em caraterísticas reduzidas por diferentes selectores de caraterísticas

Classifiers	CFS	CSY	GR	IG	OneR	PCA	RF	SU
Rules								
Conjunctive Rule	92.859	92.859	92.859	92.859	92.859	92.859	92.859	92.859
DecisionTable	93.016	93.114	93.270	93.407	93.270	93.036	93.251	93.485

Tabela 4.16 Desempenho de diferentes classificadores de árvores de decisão em caraterísticas reduzidas por diferentes selectores de caraterísticas

Classifiers	CFS	CSY	GR	IG	OneR	PCA	RF	SU
Decision								
ADTree	92.879	92.899	93.114	92.899	92.996	92.899	92.899	92.899
DecisionStump	92.859	92.859	92.859	92.859	92.859	92.859	92.859	92.859
FT	93.075	95.422	93.720	93.701	93.309	94.307	94.972	93.798
Id3	93.153	93.916	93.642	93.427	93.446	92.899	94.874	93.740
J48	93.075	95.324	93.427	93.564	93.114	93.075	94.933	93.662
J48graft	93.094	95.403	93.544	93.642	93.114	93.603	94.953	93.759
LADTree	93.055	92.820	93.251	92.977	93.153	93.094	92.820	92.977
RandomForest	93.192	94.698	93.701	93.603	93.446	93.642	94.737	93.838
RandomTree	93.153	94.698	93.622	93.505	93.388	92.507	94.777	93.740
REPTree	92.996	95.148	93.427	93.427	93.075	93.290	94.737	93.662
UserClassifier	76.486	76.486	76.486	76.486	76.486	76.486	76.486	76.486

A Tabela 4.11 mostra o desempenho de diferentes classificadores bayes, como Aode,

Aodesr, BayesNet, HNB, Naive Bayes, Naive Bayes Simple e Naive Bayes Updatable, no conjunto de dados da aviação. A Tabela 4.12 mostra o desempenho de diferentes funções de classificação com diferentes métodos de seleção de caraterísticas. A Tabela 4.13 mostra o desempenho de diferentes classificadores preguiçosos com diferentes métodos de seleção de caraterísticas. A Tabela 4.14 mostra o desempenho de diferentes classificadores Mise com diferentes métodos de seleção de caraterísticas. A Tabela 4.15 mostra o desempenho de diferentes classificadores Rules com diferentes métodos de seleção de caraterísticas. A Tabela 4.16 mostra o desempenho de diferentes classificadores de árvores de decisão com diferentes métodos de seleção de caraterísticas.

Tabela 4.17 Desempenho de diferentes classificadores de Bayes no conjunto de dados de acidentes de aviação

Classification	Average Accuracy (%)	Time (Seconds) Taken
Bayes		
AODE	93.8381	0.97
AODEsr	93.7989	2.08
BayesNet	93.7793	0.23
HNB	94.3271	1.68
NaiveBayes	93.7402	0.11
NaiveBayesSimple	93.7402	0.08
NaiveBayesUpdateable	93.7402	0.03
WAODE	94.4249	2.47

Tabela 4.18 Desempenho de diferentes funções de classificadores no conjunto de dados de acidentes de aviação

Classification	Average Accuracy (%)	Time (Seconds) Taken
Functions		
Logistic	95.6768	8.52
MultilayerPerceptron		2446.42

Tabela 4.19 Desempenho de diferentes classificadores preguiçosos no conjunto de dados de acidentes de aviação

Classification	Average Accuracy (%)	Time (Seconds) Taken
Lazy		
IB1	91.2167	0.02
IBk	93.3685	0.00
KStar	93.6228	0.00

Tabela 4.20 Desempenho de diferentes classificadores misc no conjunto de dados de acidentes de aviação

Classification	Average Accuracy (%)	Time (Seconds) Taken
MISC		
HyperPipes	76.0644	0.03
VFI	94.5915	0.05

Tabela 4.21 Desempenho de diferentes classificadores de regras no conjunto de dados de acidentes de aviação

Classification	Average Accuracy (%)	Time (Seconds) Taken
Rules		
ConjunctiveRule	92.8599	0.84
DecisionTable	93.1142	219.95

Tabela 4.22 Desempenho de diferentes classificadores de árvores de decisão no conjunto de dados de acidentes de aviação

Classification	Average Accuracy (%)	Time (Seconds)
Decision Trees		
ADTree	92.8991	3.11
DecisionStump	92.8599	0.3
FT	95.0704	38.97
Id3	93.4859	2.54
J48	**95.266**	**3.67**
J48graft	95.3638	7.24
LADTree	92.8208	14.84
RandomForest	94.8748	3.3
RandomTree	92.9773	0.27
REPTree	95.1095	12.06
UserClassifier	76.4867	30.5

A comparação do desempenho de diferentes classificadores Bayes, diferentes classificadores de funções, diferentes classificadores Lazy, diferentes classificadores Misc, diferentes classificadores de regras e diferentes classificadores de árvores de decisão é apresentada nas tabelas 4.17 a 4.22, respetivamente.

Verifica-se que o classificador da árvore de decisão tem um melhor desempenho do que outros classificadores no conjunto de dados de acidentes com aeronaves, com uma precisão de 95,266%.

CAPÍTULO 5
CONCLUSÃO

O desempenho dos algoritmos de classificação é degradado devido à presença de dados redundantes e contraditórios. No método proposto, os dados redundantes e contraditórios são eliminados. Além disso, os dados contraditórios são corrigidos e actualizados em relação ao conjunto de dados original. Os resultados experimentais mostram que a abordagem proposta apresenta uma grande melhoria no desempenho dos classificadores. A abordagem proposta demonstra a sua eficiência e eficácia ao lidar com dados de elevada dimensão para classificação. O nosso trabalho futuro pretende combinar esta abordagem com algoritmos de seleção de caraterísticas para lidar sem problemas com dados de diferentes tipos de caraterísticas.

Explorámos a utilização de diferentes métodos de seleção de caraterísticas e técnicas de classificação em dados de acidentes de aviação. Estudámos o desempenho de diferentes métodos de seleção de caraterísticas e algoritmos de classificação. O principal contributo deste estudo consiste em avaliar o desempenho de diferentes métodos de seleção de caraterísticas, tais como o ganho de informação, o rácio de ganho, a incerteza simétrica, a avaliação de atributos reliefF e oneR em dados de componentes de aviação. Verifica-se que os diferentes métodos de seleção de caraterísticas reduzem o número de atributos redundantes e irrelevantes, aumentando assim o desempenho dos classificadores. Verificou-se que a seleção de caraterísticas com base na análise de componentes principais e o classificador da árvore de decisão se revelam melhores do que as técnicas tradicionais de seleção e classificação de caraterísticas, apresentando uma melhor precisão de classificação e menores taxas de erro de classificação. O trabalho proposto é utilizado para prever o nível de alerta dos componentes em acidentes com aeronaves. As regras encontradas por esta análise serão úteis para os peritos do sector da aviação fornecerem algumas recomendações de segurança à companhia aérea.

REFERÊNCIAS

1. Conjunto de dados e informações da base de dados sobre acidentes com aeronaves, recolhidos em (9 de setembro de 2012) http//www.planecrashinfo.com/database.htm e http//www.faa.gov

2. Altidor, W, Khoshgoftaar, TM, Van Hulse, J & Napolitano, A 2011, 'Ensemble feature ranking methods for data intensive computing applications', Handbook of data intensive computing, Springer Science Business media, LLC, pp. 349 -376.

3. Antonio Arauzo-Azofra, Jose Manuel Benitez & Juan Luis Castro 2008 'Consistency measures for feature selection', J Intell Inf Syst, vol.30, pp.273-292.

4. Asha, GK, Manjunath, AS & Jayaram, MA 2012, 'A Comparative Study of Attribute Selection Using Gain Ratio and Correlation Based Feature Selection', International Journal of

Information Technology and Knowledge Management, vol.2, pp. 271-277.

5.   Bineid, M & Fielding, JP 2003, "Development of a civil aircraft dispatch reliability prediction methodology", Aircraft Engineering and Aerospace Technology vol.75, no.6, pp. 588-594.

6.   Chen, Y, Li, Y, Cheng, X, Guo, L, Lipmaa, H, Yung, M & Lin, D 2006, 'Survey and Taxonomy of Feature Selection Algorithms in Intrusion Detection System', Inscrypt 2006, LNCS 4318 Springer-Verlag, Berlim, pp. 153-167.

7.   Dessureault, S, Sinuhaji, A & Coleman, P 2007, 'Data mining mine safety data', Mining Engineering Littleton, vol.59, no. 8, pp. 64.

8.   Donoho, D 2006, 'Formost large underdetermined systems of linear equations the minimal 11-norm solution is also the sparsest solution', Comm. Pure Appl. Math., vol. 59, pp. 907-934.

9.   Duch, W, Winiarski, T, Biesiada, J & Kachel, A 2003, 'Feature Ranking,
Seleção e Discretização", Int. Conf, on Artificial Neural Networks (ICANN) e Int. Conf, on Neural Information Processing (ICONIP), pp. 251-254.

10.   Feyza Gurbiiz, Laie Ozbakir & Huseyin Yapici 2009, "Classification rule discovery for the aviation incidents resulted in fatality", Knowledge-Based Systems vol. 22, pp. 622-632.

11.   Feyza Giirbuz, Laie Ozbakir & Huseyin Yapici 2011, 'Data mining and preprocessing application on component reports of an airline company in Turkey', Expert Systems with Applications vol. 38, pp. 6618-6626.

12.   Han, J & Kamber, M 2001, 'Data Mining: Concepts and Techniques", Morgan Kaufman.

13.   lenco, D, Pensa, RG & Meo, R 2009, 'Context-based Distance Learning for Categorical Data clustering', IDA 2009, LNCS 5772, Springer, Berlim, pp. 83-94.

14.   Jiawei, H & Kamber, M 2001, 'Data Mining: Concepts and Techniques, Universidade de Simon Fraser'.

15.   Kimball, R 1996, "The Data Warehousing Toolkit", John Wiley, Nova Iorque.

16.   Marco Grimaldi, Padraig Cunningham & Anil Kokaram 2003, 'An Evaluation of Alternative Feature Selection Strategies and Ensemble Techniques for classifying Music', Trinity College Dublin, Irlanda.

17.   Miller, A 2002, 'Subset Selection in Regression', Chapman & Hall/CRC, 2 edição.

18.   Narasimha Murty, M & Susheela Devi 2011, V, 'Pattern Recognition: An Algorithmic approach", Springer, Capítulo 4, pp. 86-97.

19.   Nazeri, Z & Jianping, Z 2002, 'Mining aviation data to understand impacts of severe weather on airspace system performance', in Proceedings of the International Conference on Information Technology, IEEE.

20.   Ng, AY 2004, 'Feature selection, 11 vs. 12 regularization, and rotational invariance', In: the 21st international conference on Machine learning, ACM Press.

21. Pasko Konjevoda & Nikola Stambuk 2012, "Open-Source Tools for Data Mining in Social Science", Theoretical and Methodological Approaches to Social Sciences and Knowledge Management, pp. 163-176.

22. Pizzi, NJ & Pedrycz, W 2008, 'Effective classification using feature selection and fuzzy', Integration Fuzzy Sets and Systems.

23. Pulatova, S 2006, 'Covering (rule-based) algorithms Lecture Notes in Data Mining', World Scientific publishing Co, pp. 87-97.

24. Sangeeta Goele & Nisha Chanana 2012, 'Data Mining Trend In Past, Current And Future', International Journal of Computing & Business Research, in Proc. I-Society.

25. Shyur, HJ 2007, "A quantitative model for aviation safety risk assessment", Computers and Industrial Engineering.

26. Solomon, S, Nguyen, H, Liebowitz, J & Agresti, W 2006, 'Using data mining to improve traffic safety programs', Industrial Management and Data Systems vol.106, no.5, pp.621-643.

27. Suraj, Z, & Delimata, P 2006, 'Data mining exploration system for feature selection tasks', In International conference on hybrid information technology (Ichit'06), IEEE, Computer Society, User Manuel of polyanalyst 5, abril de 2005.

28. Wang, H, Khoshgoftaar, TM & Napolitano, A 2010, "A comparative study of ensemble feature selection techniques for software defect prediction", Actas da Nona Conferência Internacional sobre Aprendizagem Automática e Aplicações, Washington, DC, EUA, pp. 135-140.

29. YongSeog Kim, Nick Street, W & Filippo Menczer 2003, 'Feature Selection in Data Mining', Universidade de Iowa, EUA.

30. Yvan Sayes, Inaki Inza & Pedro Larranaga 2007, 'A review of feature selection techniques in bio-informatics', Bio-informatics vol. 23, no. 19, pp. 2507-2517.

LISTA DE PUBLICAÇÕES

1. **Arockia Christopher, AB &** Shunmughavel, V, 'Large Scale Data Analysis on Aviation Accident Database using different Data Mining Techniques.', *Aeronautical Journal,* Royal Aeronautical Society, London, ISSN: 0001 9240 in Anna University-Chennai, Annexure I, December 2016, Vol.120, No.1234, PP. 1849-1866. Fator de impacto: 0,736 D01:10.1017/aer.2016.107, *SCI (Science Citation Indexed) Journal*

2. **Arockia Christopher, AB &** Appavu Alias Balamurugan, S 2014, 'Prediction of warning level in aircraft accidents using data mining techniques', Aeronautical Journal, Royal Aeronautical Society, London, ISSN: 0001 9240 in Annexure I with SCI (Science Citation Indexed) August 2014, vol. 118, no. 1206, pp. 935-952, **Impact Fator: 0.736.**

3. **Arockia Christopher, AB** & Appavu Alis Balamurugan, 2012, 'Data pre-processing for classification and clustering', International Journal of Computer Science and Technology, pp.1-6, 2012, ISSN: 2249-0701.

4. **Arockia Christopher, AB** & Appavu Alias Balamurugan, S 'Solving problem of tie breaking in Decision Tree induction algorithm', Revisão submetida à ACM Transactions on Knowledge Discovery from Data, Assoc Computing Machinery e ISSN: 1556-4681 E-ISSN: 1556- 472X.

Publicação em conferências nacionais e internacionais

1. **Arockia Christopher, AB** & Appavu Alias Balamurugan, S 2013, 'Um modelo preditivo usando melhorado ponto normalizado sábio Informação mútua INPMI', A 11th Conferência Internacional sobre IEEE ICT & Engenharia do Conhecimento (ICTKE 2013), Siam University, Bangkok, Tailândia durante 20-22 de novembro de 2013, pp.90-98, IEEE Explorer. (Taxa de aceitação: 28%)

2. **Arockia Christopher, AB &** Appavu Alias Balamurugan, S 2013, "Prediction of warning level in aircraft accidents using classification algorithms", Conferência Internacional sobre Computação Avançada, Redes e Informática (ICACNI 2013), Instituto Central de Tecnologia, Raipur, Chahattisgarh - 493661, Índia, de 12 a 14 de junho de 2013, pp. 1217-1223, ISBN: 978-81-322-1665-0, Springer.

3. **Arockia Christopher, AB &** Appavu Alias Balamurugan, S 2012, "Data tuner for effective data pre-processing", Conferência Internacional do IEEE sobre Avanços em Engenharia, Ciência e Gestão (ICAESM), 2012, 30-31 de março de 2012, pp. 804-810, ISBN: 978-1-4673-0213-5, IEEE Explorer.

4. **Arockia Christopher, AB &** Appavu Alias Balamurugan, S 2012, 'Data tuner: An effective data pre-processing tool', First International conference on Design and Application of Structures, Drives, Communicational and Computing Systems (ICDASDC), K.L.N. College of Information Technology, Sivagangai, Tamilnadu, India during 21st and 22nd December, 2012, pp. 99-108, ISBN: 978-81- 923777-9-7.

5. **Arockia Christopher, AB &** Appavu Alias Balamurugan, S 2013, 'Data mining approaches for aircraft accidents prediction: An empirical study on Turkey airline", Conferência Internacional do IEEE sobre Tendências Emergentes em Computação, Comunicação e Nanotecnologia (ICECCN 2013), Faculdade de Engenharia e Tecnologia do Menino Jesus, Índia, 25-26 de março de 2013, pp. 40-46. ISBN: 978-1-4673-5036-5, IEEE Explorer. (Taxa de aceitação: 31%)

6. **Arockia Christopher, AB &** Appavu Alias Balamurugan, S 2013, 'Feature Selection Techniques for Prediction of Warning level in Aircraft Accidents', Conferência Internacional do IEEE sobre Sistemas Avançados de Computação e Comunicação (ICACCS 2013), Sri

Eshwar College of Engineering, Coimbatore-202, Tamilnadu, Índia durante 19-21 de dezembro de 2013. DOI: 10.1109/ICACCS.2013.6938694, IEEE Explorer.

7. **Arockia Christopher, AB &** Appavu Alias Balamurugan, S 2013, 'Performance of different clustering methods and classification algorithms for prediction of warning level in aircraft accidents: An empirical study', International Conference on Computing, Communications and Networking Technologies (ICCCNT-2013), Vivekanandha College of Engineering for Women, Tiruchengode - 637205, India during July 4-6,2013, pp. 2213-2219, ISBN: 978-1-4799- 3927-5, IEEE Explorer.

8. **Arockia Christopher, AB &** Appavu Alias Balamurugan, S 2013, "Decision tree classifier and feature selection techniques for prediction of warning level in aircraft accidents", Segunda Conferência Internacional sobre Conceção e Aplicação de Estruturas, Accionamentos, Sistemas de Comunicação e Computação (ICDASDC), K.L.N College of Information Technology, Pottapalayam-630611, Sivagangai, Tamilnadu, Índia, de 29 a 30 de novembro de 2013.

9. **Arockia Christopher, AB &** Appavu alias Balamurugan, S 2011, "A survey on preprocessing techniques in data mining", Conferência Nacional sobre Descoberta de Conhecimento e Extração de Dados, Faculdade de Engenharia de Thiagarajar, Madurai, Tamilnadu, 22-23 de agosto de 2011, pp. 43-47, ISBN: 978-93-81361-21-4.

Publicação de uma monografia

1. **Arockia Christopher, AB &** Appavu Alias Balamurugan, S 2012, 'Insight into data preprocessing: Teoria e prática", Data Mining Perspective: LAP LAMBERT Academic Publishing (2 de maio de 2012), Alemanha, ISBN: 978-3-8484-3062-8.